PADRE CHRYSTIAN SHANKAR



# *Como encontrar o seu amor*

São Paulo
2012

UNIVERSO DOS LIVROS

2ª Reimpressão, 2012

Diretor editorial:
**Luis Matos**

Editora-chefe:
**Marcia Batista**

Assistentes editoriais:
**Bóris Fatigati,**
**Raíça Augusto**
**Raquel Nakasone**

Preparação:
**S4 Editorial**

Revisão:
**Arlete Zebber**

Arte:
**Camila Kodaira**
**Karine Barbosa**

Capa:
**Zuleika Iamashita**

Fotos do padre:
**Luiz Fotógrafo**

Dados Internacionais de Catalogação na Publicação (CIP)
(Câmara Brasileira do Livro, SP, Brasil)

C558c Chrystian Shankar, Padre.

Como encontrar o seu amor / Padre Chrystian Shankar.

São Paulo : Universo dos Livros, 2012.

128 p.

ISBN 978-85-7930-325-8

1. Autoajuda 2. Relacionamentos. 3. Catolicismo. I. Título.

CDD 158.2

**Universo dos Livros Editora Ltda.**
Rua do Bosque, 1589 – Bloco 2 – Conj. 603/606
CEP 01136-001 – Barra Funda – São Paulo/SP
Telefone/Fax: (11) 3392-3336
www.universodoslivros.com.br
e-mail: editor@universodoslivros.com.br
Siga-nos no Twitter: @univdoslivros

Dedico esse primeiro livro à minha querida e amada mãe, Ana Maria.

Mulher de fé que me ensinou, desde pequeno, a colocar Deus em primeiro lugar.

Amiga sempre próxima. Ouvido sempre atento. Ombro sempre disponível.

Sou feliz em ser filho dessa Mulher, minha principal mestra na arte de aprender.

# *Sumário*

# *Apresentação*

Todas as vezes que Deus coloca um projeto novo em minha vida, sinto como se fosse mais um presente. Com este livro não foi diferente. Por muito tempo, imaginei como seria sua capa, a ordem das palavras, a sequência dos assuntos. Pensei, na verdade, que isso levaria muitos anos. Com tantos projetos de evangelização acontecendo, a dedicação aos trabalhos paroquiais, os inúmeros convites para falar sobre os mais diversos assuntos que estudo, tenho interesse e pesquiso, acreditava que escrever faria parte de um momento mais tranquilo de minha vida.

Pois bem, aí está o livro. Num tempo diferente, mas exatamente como sonhei, o que me faz ter mais certeza do carinho de Deus por mim. Tenho convicção de que sou instrumento da vontade do Pai e de que continuarei cumprindo o que Ele colocar em meu caminho.

O livro nasceu de uma pregação que ministrei durante a Missa da Família, em janeiro de 2012, com o tema "A difícil arte do relacionamento amoroso". Naquele dia, fiz uma pregação bem prática, dando dicas e conselhos sobre como começar um namoro. Muitos sabem que as pregações nascem dos pedidos das pessoas ou dos atendimentos que faço na paróquia, por testemunhos e questionamentos direcionados ao nosso site que recebo com grande frequência, relatando que elas estão sozinhas não por opção, mas porque acabam procurando a pessoa amada da maneira e no lugar errados.

Este livro não é um manual, mas sim uma seleção de dicas que chama a atenção para o que muitos têm feito de errado na hora de procurar alguém.

E o que um padre pode entender de namoro, de achar a "cara metade"? Na prática, podem me considerar um zero à esquerda. Mas os atendimentos que faço diariamente, os retiros espirituais para jovens onde já preguei, reuniões de casais das quais participo e onde dou orientações, moças e rapazes com os quais convivo e os constantes estudos sobre o assunto fizeram com que eu me aprofundasse no tema, e quem ouviu a pregação garante que o que acontece é exatamente o que foi falado e partilhado. Não preciso usar drogas para saber que devo evitá-las. O médico não tem necessidade de estar doente para saber o caminho da cura. Uma pessoa inteligente resolve um problema; já o sábio, o previne.

"A gratidão é o único tesouro dos humildes", disse William Shakespeare. Aproveito para agradecer o carinho do bispo da diocese de Divinópolis, dom Tarcísio Nascentes dos Santos, e a maneira respeitosa com que trata o trabalho que realizo. Aos membros do projeto Luz e Vida que, dia após dia, incentivam-me a prosseguir nesta proposta de evangelização. À minha família, em especial ao meu irmão Samuel de Oliveira Lima, pela alegria e presença constante. À Paróquia Nossa Senhora Aparecida com todos os conselhos, pastorais e equipes que, de mãos dadas, caminhamos com a intercessão da Rainha e Padroeira do Brasil sob o cajado do Bom Pastor.

Agradeço também, de maneira carinhosa, a todos os jovens que, de forma direta ou indireta, ajudaram-me a elaborar os conselhos e dicas aqui contidos. E a todos que participam da Missa da Família, muitos que nem conheço, mas que rezam sempre por mim, Deus os abençoe sempre.

Com as bênçãos de Deus, vejo nascer o primeiro de muitos livros. Desejo boa leitura e que, com as dicas reunidas aqui, cumpra o que diz a Sagrada Escritura: "'Não é bom que o homem esteja só'" (Gênesis 2,18)[1].



1 Segundo a numeração da Septuaginta (ou Versão dos Setenta): *Bíblia Sagrada* (edição claretiana revisada). São Paulo: Editora Ave-Maria, 2010. (N. E.).

# 1

# *Desejo amar e ser amado*

## *Amor no coração*

(Autoria desconhecida)

Numa sala de aula havia várias crianças. Uma delas ficou em pé e perguntou:

– Professora, o que é o amor?

A professora sentiu que a criança precisava de uma resposta à altura da pergunta inteligente que fizera. Como já estava quase na hora do recreio, pediu que cada aluno trouxesse o que mais despertasse nela o sentimento do amor. As crianças saíram apressadas e, ao voltarem, a professora disse:

– Quero que cada um mostre o que trouxe consigo.

Terminado o tempo do recreio, as crianças foram voltando trazendo o que a professora tinha pedido. Uma trouxe uma linda flor. Outra trouxe uma borboleta. Houve até quem trouxesse um filhote de passarinho.

Terminada a exposição, a professora notou que uma criança tinha ficado quieta o tempo todo, e estava vermelha de vergonha, pois não havia trazido nada. A professora dirigiu-se a ela e perguntou:

– Meu bem, por que não trouxe nada? Você não encontrou algo que despertasse o amor?

E a criança timidamente respondeu:

– Desculpe, professora. Vi a flor e senti o seu perfume. Pensei em arrancá-la, mas preferi deixá-la onde estava para que o seu perfume durasse mais tempo. Vi também a borboleta, leve, colorida! Ela parecia tão feliz que não tive coragem de aprisioná-la. Vi também o passarinho caído entre as folhas, mas, ao subir na árvore, notei o olhar triste de sua mãe e preferi devolvê-lo ao ninho. Portanto, trago comigo o perfume da flor, a sensação de liberdade da borboleta e a gratidão que senti nos olhos da mãe do passarinho. Como posso mostrar o que trouxe?

A professora agradeceu a criança e deu-lhe nota máxima, pois ela fora a única que percebera que só podemos trazer o amor no coração.

Falar de amor atualmente é um verdadeiro quebra-cabeça. Missão nada fácil.

É lamentável, mas, infelizmente, para muitas pessoas o amor equivale a relação sexual. Reduziram o amor a um momento de prazer puramente físico e fora do contexto das aspirações mais profundas do ser humano.

Muitos podem até não saber o que é o amor nem acreditar mais nele... Mas sabemos o mal que sua ausência nos traz. Roger Martin du Gard diz:

*Não sou como a abelha saqueadora que vai sugar o mel de uma flor, e depois de outra flor. Sou como o negro escaravelho que se enclausura no seio de uma única rosa e vive nela até que ela feche as pétalas sobre ele; e abafado neste aperto supremo, morre entre os braços da flor que elegeu.*

## O QUE DIZ A BÍBLIA SOBRE O AMOR

Os dois grandes mandamentos que Jesus nos deixou referem-se ao amor:

*Achegou-se dele um dos escribas que os ouvira discutir e, vendo que lhes respondera bem, indagou dele: 'Qual é o primeiro de todos os mandamentos?' Jesus respondeu-lhe: 'O primeiro de todos os mandamentos é este: Ouve, Israel, o Senhor nosso Deus é o único Senhor;* ***amarás ao Senhor teu Deus de todo o teu coração****, de toda a tua alma, de todo o teu espírito e de todas as tuas forças. Eis aqui o segundo:* ***Amarás o teu próximo como a ti mesmo****. Outro mandamento maior do que estes não existe'. (Marcos 12,28-31)*





São João, o discípulo amado, a respeito do amor nos diz:

*Caríssimos,* ***amemo-nos uns aos outros, porque o amor vem de Deus,*** *e todo o que ama é nascido de Deus e conhece a Deus.* ***Aquele que não ama não conhece a Deus, porque Deus é amor.*** *Nisto se* *manifestou o amor de Deus para conosco: em nos ter enviado ao mundo o seu Filho único, para que vivamos por ele. Nisto consiste o amor: não em termos nós amado a Deus, mas em ter-nos ele amado, e enviado o seu Filho para expiar os nossos pecados. Caríssimos, se Deus assim nos amou, também nós nos devemos amar uns aos outros. Ninguém jamais viu a Deus. Se nos amarmos mutuamente, Deus permanece em nós e o seu amor em nós é perfeito. (1João 4,7-12)*

Para Santo Agostinho, é importante compreender a diferença entre amor e luxúria. O amor deve ser uma meta em nossas vidas. A luxúria, por outro lado, é um grande vício, é pecaminosa. Santo Agostinho ainda lembra que o amor entre os humanos é imperfeito, pois muitas vezes está mesclado com "ciúme, desconfiança, medo, raiva e discórdia"; a única forma plena de amor é aquela que emana de Deus.



## *O rei e o falcão*

(Autoria desconhecida)

Conta a lenda que, certa manhã, o guerreiro mongol Gengis Khan e sua tropa saíram para caçar. Enquanto seus companheiros levavam flechas e arcos, Gengis Khan carregava apenas seu falcão favorito no braço. O animal era melhor e mais preciso que qualquer flecha, porque podia subir ao céu e ver tudo o que o ser humano não conseguia ver.

Entretanto, apesar de todo o entusiasmo, o grupo não conseguiu encontrar nada. Decepcionado, Gengis Khan voltou para o acampamento. Mas, para não descarregar sua frustração em seus companheiros, separou-se da comitiva e resolveu caminhar sozinho.

Gengis Khan permanecera na floresta mais tempo que o esperado e estava extremamente cansado e com muita sede. Por causa do calor do verão, os riachos estavam secos. Ele não conseguia encontrar água para beber, até que avistou um fio de água descendo por um rochedo bem à sua frente. Na mesma hora, retirou o falcão do braço e pegou o pequeno cálice de prata que sempre carregava consigo. Era apenas um fio de água que corria pelo rochedo; por isso, ele demorou um longo tempo para conseguir encher o cálice. Mas, quando estava prestes a levá-lo à boca, o falcão levantou voo e arrancou o copo de sua mãos, atirando-o longe.

O guerreiro ficou furioso, mas era seu animal favorito, e talvez também estivesse com sede. Apanhou o copo, limpou a poeira e tornou a enchê-lo. Após outro tanto de tempo, com a sede apertando cada vez mais e com o cálice já pela metade, o falcão o atacou novamente, derramando o líquido.

Khan adorava seu animal, mas sabia que não podia deixar-se desrespeitar em nenhuma circunstância, já que alguém podia estar assistindo à cena de longe e, mais tarde, contaria aos seus guerreiros que o grande conquistador era incapaz de domar uma simples ave.

Desta vez, tirou a espada da cintura, pegou o cálice, recomeçou a enchê-lo. Manteve um olho na fonte e outro no falcão. Assim que viu ter água suficiente e quando estava pronto para beber, o falcão de novo levantou voo e veio em sua direção. Gengis Khan, em um golpe certeiro, atravessou a espada no peito do falcão, matando-o.

Ele retomou o trabalho de encher o cálice. Mas o fio de água havia secado. Decidido a beber aquela água de qualquer maneira, Gengis Khan escalou o rochedo em busca da fonte. Para sua surpresa, havia realmente uma poça de água e, no meio dela, morta, uma das serpentes mais venenosas da região. Se tivesse bebido a água, teria morrido imediatamente.

Gengis Khan voltou ao acampamento trazendo o falcão morto nos braços e dizendo para si mesmo:

– Hoje aprendi uma triste lição! Muitas vezes nos precipitamos em julgar e agir, ferindo assim a quem mais nos ama e chega a dar a própria vida por nós.



## O que dizem os santos sobre o amor

### Santa Teresinha do Menino Jesus

"Eu me entrego ao amor. O amor pode substituir uma longa vida."

"É só o amor que vale!"

"O amor não é amado!"

"Nós, que corremos na via do amor, não devemos pensar no que há de acontecer de doloroso no futuro; seria faltar à confiança... é como meter-se a criar."

## Santo Afonso Maria de Ligorio

"O amor é como um laço de ouro que une os corações de quem ama e de quem é amado."

"O amor exige união."

"Quem ama a Jesus Cristo só a ele ambiciona."

"Quem ama Jesus Cristo de coração nunca está de mau humor."

## Santa Catarina de Sena

"Pelo amor o homem torna-se outro Cristo. É pelo amor que o homem se une a Deus."

"O coração chora de acordo com o seu amor."

"Quanto mais o homem ama, menos acredita estar amando."



## São João da Cruz

"O amor consiste em despojar-se e desapegar-se, por Deus, de tudo o que não é ele."

"O amor não consiste em sentir grandes coisas, mas em despojar-se e sofrer pelo amado."

"O amor não cansa nem se cansa."

"Onde há amor, põe amor e colherá amor."

## Santa Teresa d'Avila

"O Senhor nos ama mais do que nós a nós mesmos."

"O essencial não é pensar muito, mas amar muito."

## São Francisco de Sales

"Qual é a medida do amor? É um amor sem medida."

"Santo é o amor. Deves, pois, temer a Deus por amor e não amá-lo por temor."

"O fogo sagrado do amor de Jesus nutre-se com o lenho da cruz."

## Santo Antônio de Pádua

"Quem ama não conhece nada que seja difícil."

"O amor a nós O prendeu tão intimamente à nossa natureza que O fez descer até nossa miséria, como se, no céu, não pudesse permanecer sem nós."

## São Tomás de Aquino

"Amar é querer bem a qualquer um."

"Amor tem por fundamento a comunicação de bens."

"Aberta a mão pela chave do amor, as criaturas surgiram."

## São Bernardo

"Amemos e seremos amados."

"A Eucaristia é o amor que supera todos os outros no céu e na terra."

## São Gregório Magno

"Cada qual suporta o próximo na medida que o ama."

## *Hino ao amor (1Coríntios 13,1-13)*

*Ainda que eu falasse as línguas dos homens e dos anjos, se não tiver caridade, sou como o bronze que soa, ou como o címbalo que retine.*
*Mesmo que eu tivesse o dom da profecia, e conhecesse todos os mistérios e toda a ciência; mesmo que tivesse toda a fé, a ponto de transportar montanhas, se não tiver caridade, não sou nada.*
*Ainda que distribuísse todos os meus bens em sustento dos pobres, e ainda que entregasse o meu corpo para ser queimado, se não tiver caridade, de nada valeria!*
*A caridade é paciente, a caridade é bondosa. Não tem inveja. A caridade não é orgulhosa. Não é arrogante.*
*Nem escandalosa. Não busca os seus próprios interesses, não se irrita, não guarda rancor.*
*Não se alegra com a injustiça, mas se rejubila com a verdade.*
*Tudo desculpa, tudo crê, tudo espera, tudo suporta.*
*A caridade jamais acabará. As profecias desaparecerão, o dom das línguas cessará, o dom da ciência findará.*
*A nossa ciência é parcial, a nossa profecia é imperfeita.*
*Quando chegar o que é perfeito, o imperfeito desaparecerá.*
*Quando eu era criança, falava como criança,*

*pensava como criança, raciocinava como criança. Desde que me tornei homem, eliminei as coisas de criança.*
*Hoje vemos como por um espelho, confusamente; mas então veremos face a face. Hoje conheço em parte; mas então conhecerei totalmente, como eu sou conhecido.*
*Por ora subsistem a fé, a esperança e a caridade – as três. Porém, a maior delas é a caridade.*

## *Verdadeiro amor*

(Autoria desconhecida)




Um senhor de idade chegou a um consultório médico para fazer um curativo em sua mão, na qual havia um profundo corte. E muito apressado pediu urgência no atendimento, pois tinha um compromisso.

O médico que o atendia, curioso, perguntou o que tinha de tão urgente para fazer.

O simpático velhinho disse-lhe que todas as manhãs ia visitar sua esposa que estava em um abrigo para idosos, com mal de Alzheimer muito avançado.

O médico muito preocupado com o atraso do atendimento disse:

– E hoje ela ficará muito preocupada com sua demora?

No que o senhor respondeu:

– Não, ela já não sabe quem eu sou. Faz cinco anos que não me reconhece mais.

O médico questionou:

– Mas, então, por que tanta pressa e necessidade de estar com ela todas as manhãs se ela já não o reconhece mais?

O velhinho então deu um sorriso e batendo de leve no ombro do médico respondeu:

– Ela não sabe quem eu sou. Mas eu sei muito bem quem ela é!

É esse tipo de amor que devemos buscar para nossa vida. Um amor que não se resume ao físico nem ao romântico. "O verdadeiro amor é a aceitação de tudo o que o outro é e de tudo o que foi um dia. Do que será amanhã e do que já não é mais!" (autoria desconhecida).

"A maior felicidade é a certeza de sermos amados apesar de ser como somos." (Victor Hugo)

"Há vários motivos para não se amar uma pessoa e um só para amá-la." (Carlos Drummond de Andrade)

"O amor é a força mais sutil do mundo." (Mahatma Gandhi)

"Só se vence o ódio ou a indiferença com o poder da invenção do amor, em dar inesperadamente muito mais do que foi pedido." (autoria desconhecida)

"Amar é encontrar na felicidade de outrem a própria felicidade." (Gottfried Leibnitz)

"A ausência diminui as paixões medíocres e aumenta os verdadeiros amores, assim como o vento apaga as velas, mas atiça as fogueiras." (autoria desconhecida)

"Amar não é aceitar tudo. Aliás: onde tudo é aceito, desconfio que há falta de amor." (Vladimir Maiakovski)

"Amar eficazmente alguém é recusar-se a aceitar a sua caricatura. Rasgar todas as máscaras é a condição para que apareça a verdadeira face humana no esplendor de sua verdade." (autoria desconhecida)

"Os homens cultivam 5 mil rosas num mesmo jardim e não encontram o que procuram. E, no entanto, o que eles buscam poderia ser achado numa só rosa." (Antoine de Saint-Exupéry)

"Amar não é apoderar-se do outro para completar-se, mas se dar ao outro para o completar." (autoria desconhecida)

# 2

# *Para início de conversa*

Dirijo-me carinhosamente aos adolescentes e jovens que estão na fase do namoro.

O namoro é uma época maravilhosa, um lindo pedaço da vida, e também é um presente de Deus para aquele que Nele crê e deseja ser feliz.

Mas, se não houver vigilância, aquilo que seria uma janela para o céu, se tornará uma porta para o inferno (e põe inferno nisso!).

Há pessoas que estão solteiras e sentem-se bem assim. Mas a grande maioria dos jovens que encontro quer ter e manter um bom relacionamento amoroso. Sempre ouço frases do tipo: "Eu não consigo viver sozinho", "Quero alguém para dividir minha vida", "Meu sonho é casar com alguém que realmente me leve a sério!"...

De todo coração, eu espero que estes conselhos possam iluminar sua vida. Desejo mostrar como é possível ser feliz pedindo que Deus aproxime você de uma pessoa para viver ao seu lado e dividir sua vida. Mas precisa ser alguém que lhe queira bem, que o ame sem segundas intenções, que faça de você uma pessoa melhor e que caminhe ao seu lado.

Comecemos com a Palavra de Deus:

> *Há três coisas que me são mistério, quatro mesmo, que não compreendo:*
> *o voo da águia nos céus, o rastejar da cobra no rochedo,*
> *a navegação de um navio em pleno mar,*
> *o caminho de um homem junto a uma jovem.*
> *(Provérbios 30,18-19)*



Para você entender o que a leitura bíblica está dizendo, vamos exemplificar.

Pense na imagem de uma águia voando. Depois que ela passou, fica o rastro da ave no céu? Não. Ninguém poderá dizer se a águia passou por ali ou não. Se você não a viu no momento do voo, já era.

Quando uma serpente rasteja sobre uma pedra, fica ali o vestígio de sua passagem? Não. Se você não a viu passar, a cobra pode até estar por ali e picar você.

Quando um barco ou navio cruza um rio ou atravessa o mar, será que ele deixa atrás de si uma marca, um rastro? É claro que não. Se nós não tivessemos visto o barco navegando, não saberíamos.

Como a águia não deixa rastro, como a cobra não deixa pegadas e como o navio não deixa marcas, um bom namoro não pode deixar um rastro de sujeira atrás de si. Isso não pode e não deve acontecer!

Não pode haver pendências, traições ou mentiras, nem segundas, terceiras ou quartas intenções. Lembre-se, é com base na verdade e na reta intenção que se começa um relacionamento que se tornará um noivado abençoado e um casamento vitorioso! Acredite nisso.

Preste atenção: se você não vai melhorar a vida do seu namorado ou da sua namorada, em relação ao que eles já têm de bom com a família, trabalho, estudo e amigos, é melhor nem se aproximar. Se você não quer tornar alguém melhor do que já é, então não vale a pena se envolver.

Se você está pensando apenas em brincar com o coração de uma pessoa, se quer somente curtir com a cara dela, se pretende usá-la como se fosse uma camisa e, depois, trocá-la na primeira oportunidade... Faça uma caridade a você mesmo: tenha compaixão da pessoa em questão e seja temente a Deus. Siga o ditado: antes só do que mal acompanhado. "Fazendo-vos essas advertências, não vos posso louvar a respeito de vossas assembleias, que causam mais prejuízo que proveito." (1Coríntios 11,17).

Para alguns adolescentes e jovens de hoje, o namoro deu lugar ao "ficar", que ninguém está suportando mais. No início, parecia algo muito agradável, diziam que o tal ato de "ficar" é muito bom porque não tem compromisso. Só que essa situação não se restringe à falta de comprometimento; além de não ter compromisso, também não existem afetos, cumplicidade, diálogo e, muito menos, crescimento. Não tem nada mesmo! E não sobra coisa alguma – de tudo aquilo que ocorreu – para quem fica sozinho.

"Ficar" não é a melhor definição para esses casos. É preciso trocar a expressão "eu fiquei" por "eu usei". Pois é exatamente isso que está acontecendo! Usa-se a pessoa para satisfazer todas as fantasias e loucuras possíveis e depois joga-se fora como se fosse uma latinha vazia de refrigerante.

Não basta estar com alguém se seu coração não pertence a essa pessoa. Não basta estar perto de alguém se seu coração está longe. Você se sentirá abandonado, sozinho e vazio no meio de uma multidão.

Aprenda isso: você não nasceu para ser usado e jogado fora. Não! Você nasceu para ser amado. Você nasceu para ser feliz! Você nasceu para a glória de Deus! "Portanto, quer comais, quer bebais, ou façais qualquer outra coisa, fazei tudo para glória de Deus." (1Coríntios 10,31).

# 3

# *As cinco atitudes negativas do namoro*

Dos muitos riscos e "defeitos" que encontramos em casais de namorados, destaco cinco que têm sido apontados como verdadeiros destruidores de relacionamentos. Chamo-os de "as cinco atitudes negativas do namoro".

## 1ª ATITUDE NEGATIVA

### Muita intimidade, pouco compromisso

Muitos namoros chegam rápido à intimidade, mas não levam ao compromisso. Somente a intimidade é que conta: sexo pelo sexo, prazer pelo prazer, e daí por diante. Depois, quando tenta firmar o relacionamento e buscar compromisso, a pessoa se vê completamente sozinha. O que aconteceu foi apenas união de corpos, não de corações! Fizeram o contrário do que os pais aconselhavam e "colocaram o carro na frente dos bois".

A vida tem nos ensinado: o que começa de qualquer jeito termina de qualquer jeito. Se você começar da maneira errada, o final não será nada agradável.

Não nos esqueçamos de que "não existe a maneira certa de fazer a coisa errada". As "coisas" têm uma ordem certa para acontecer. A sequência do início de um relacionamento saudável até o casamento deveria, mais ou menos, seguir esta ordem:

1. **Despertar**: "Meu coração disparou, minhas mãos suaram e minhas pernas bambearam... Foi a primeira vez que nossos olhares se cruzaram".

2. **Presença**: "Fomos apresentados e conversamos por horas. Parecia que nos conhecíamos há tempos. A vontade do reencontro foi inevitável".

3. **Sentimento**: "Um enorme carinho nos aproximava a cada dia. Nosso sentimento era maior que uma simples amizade. Queríamos estar sempre juntos: cinema, passeios e mensagens de celular tornaram-se cada vez mais presentes".

4. **Compromisso**: "Começamos a namorar. Aconteceu naturalmente. Passamos a ocupar um lugar especial no coração um do outro e a sonhar. Crescemos juntos. Não pensávamos ainda em casamento, pois primeiro queríamos estudar e trabalhar. Cada coisa a seu tempo...".

5. **Noivado**: "Sem palavras, chegamos à conclusão de que não dava mais para viver longe um do outro.

Trocamos alianças: ficamos noivos! Compramos juntos um terreno e começamos a construir nossa casa. Parecia um sonho. Agora que as coisas ficaram mais sérias, temos que economizar, pois casamento é para toda vida, com a graça de Deus!".

6. **Casamento**: "Chega o tão sonhado dia, e tudo está perfeito. Nossas famílias, nossos parentes e amigos, todos reunidos para testemunhar esse momento único em nossas vidas, o nosso casamento! Passamos por muita coisa até chegar aqui, mas valeu a pena: nos tornamos 'marido e mulher' até que a morte nos separe. Nosso desejo sempre foi de envelhecer um ao lado do outro".

7. **Filhos**: Victor Hugo disse que "um lar sem filhos é como uma colmeia sem abelhas": acaba ficando sem a doçura do mel. Pura verdade... Com a chegada dos filhos, a vida muda completamente: a casa se enche de alegria, sons, cheiros e coisas de bebês. Para tudo o que fazemos, pensamos primeiro no bem-estar deles. Os filhos são uma bênção para a vida do casal. "Vede, os filhos são um dom de Deus: é uma recompensa o fruto das entranhas" (Salmos 126,3).

Claro que não queremos aqui engessar os relacionamentos, pois isso seria impossível. Mas uma coisa é certa: se muitos tivessem seguido esses passos (ou pelo menos alguns deles), muitos relacionamentos não terminariam de forma traumática.

Apesar de muitos negarem e acharem tudo muito normal, hoje tem acontecido uma inversão de valores.

Em muitos relacionamentos, primeiro vem o filho para só depois saber o nome do pai. Pularam todas as etapas. O que deveria ser fruto do amor (um filho) foi apenas o resultado de uma aventura. Depois do leite derramado, em alguns casos, casam-se não por amor, mas para dar uma satisfação social. Ingenuamente, pensam que o casamento é a solução.

Depois de casados é aí que a "novela" começa: cobranças, indiferença, agressividade, apatia, depressão, solidão, vícios, tristeza, agressão, traição e... separação! Muitos querem viver depois do casamento o que deveriam ter vivido antes.





Não tapemos o sol com a peneira! Muitos relacionamentos buscam a intimidade; compromisso que é bom... nada!

## 2ª ATITUDE NEGATIVA

### Relacionamento amoroso, sim! Amizade, não!

A segunda atitude negativa ocorre quando os jovens começam um relacionamento amoroso sem passar pelo estágio da amizade. Sabemos que a pressa é inimiga da perfeição. Antes de iniciar o namoro, é preciso primeiro que exista a simpatia. E vou além: tem que haver empatia entre o casal, uma relação afetuosa baseada em respeito, carinho e atenção.

O que tem acontecido com muitos? Simplesmente não namoram. Não têm tempo de namorar, pois o tempo que passam juntos é pouco para tantas brigas e discussões, e, na maioria das vezes, por questões sem importância.

Por motivos banais, terminam o que nem começaram direito. Não houve amizade sincera para depois se tornar namoro. Apenas começou, acabou e nada mais.

## 3ª ATITUDE NEGATIVA

## O que realmente vale é a beleza física!

Não confunda atração física com amor, pois são totalmente diferentes. É claro que um corpo bonito ajuda e muito, mas não é tudo. Sabemos, como dizia minha avó, que "beleza não põe mesa". Estamos vivendo a cultura do corpo: para muitos só o exterior é o que importa. Cuidado! Quem vê cara não vê coração. "Porque é do coração que provêm os maus pensamentos, os homicídios, os adultérios, as impurezas, os furtos, os falsos testemunhos, as calúnias" (Mateus 15,19).

Se algumas pessoas agissem nas outras áreas da vida como fazem no campo sentimental (relacionamento amoroso), certamente guardariam o envelope e jogariam a carta fora ou comeriam a casca da fruta e descartariam a polpa ou, ainda, guardariam o frasco e despejariam o perfume na pia, cuidariam do vaso e arrancariam a rosa, e assim por diante.

Estranho, não?!

Quantas pessoas perderam a oportunidade de começar um relacionamento que realmente valesse a pena, porque a outra pessoa não se enquadrava nos padrões de beleza atuais? Quantos pais reforçam esse modo de pensar distorcido, enfatizando: "Marido de minha filha tem de ser rico e bonito!".

Em vez de ficar se preocupando apenas com a beleza física, é preciso ver se a pessoa tem bom caráter, se estuda ou trabalha, se realmente gosta de você, se existe respeito e faz de tudo para vê-lo feliz. Isso é o principal, pois a beleza física um dia acaba. Mas o amor, o carinho e a atenção duram uma vida inteira. "A beleza das coisas existe no espírito de quem as contempla" (David Hume).

## *Uma prova de amor*

(Autoria desconhecida)



Muito tempo atrás, um casal de velhinhos que não tinha filhos morava em uma casa humilde de madeira. Eles tinham uma vida muito tranquila, alegre, em paz. Amavam-se muito.

Um dia aconteceu um acidente com a mulher. A cozinha começou a pegar fogo, e as labaredas atingiram seu corpo. O esposo acordou assustado com os gritos e, ao ver a esposa coberta pelas chamas, imediatamente tentou ajudá-la, mas também sofreu queimaduras nos braços. Com muito custo, conseguiu apagar o incêndio.

Quando os bombeiros chegaram, já não havia mais fogo, apenas fumaça – parte da casa fora destruída. Eles levaram o casal para o hospital mais próximo, onde foram internados em estado grave.

Após algum tempo na UTI, o homem, que foi menos atingido pelo fogo, recebeu alta e foi ao encontro de sua amada. Ainda convalescente em seu leito, a mulher pensava em não viver mais, pois estava muito queimada. E as chamas deformaram todo o seu rosto.

Quando o marido chegou ao quarto, ela foi logo falando:

– Tudo bem com você, meu amor?

– Sim – respondeu ele. – Pena que o fogo atingiu meus olhos, e não posso mais enxergar. Mas fique tranquila, meu amor, pois a sua beleza está gravada em meu coração para sempre.

Então, triste pelo esposo, disse-lhe:

– Deus, vendo tudo o que aconteceu, meu marido, tirou-lhe a visão para que não tivesse o desgosto de ver como fiquei. As chamas queimaram todo o meu rosto, e estou parecendo um monstro. Estou horrível...

Ela chorou.

Passado algum tempo, ambos estavam recuperados e voltaram para casa, onde ela fazia tudo para seu querido esposo, e ele todos os dias repetia: "Como eu te amo!".

E assim viveram 20 anos até que a doença visitou a casa e acabou levando sua esposa.

No dia do enterro, quando todos se despediam dela, o viúvo entrou no local do velório sem seus óculos escuros e com sua bengala nas mãos. Chegou perto do caixão, beijou e acariciou sua amada e disse:

– Como você é linda, meu amor. Eu a amo muito e a amarei para sempre.

Diante daquela cena, um amigo perguntou-lhe se o que tinha acontecido era um milagre, pois todos pensavam que o velhinho fosse cego.

Com lágrimas nos olhos, o simpático velhinho apenas afirmou:

– Nunca estive cego, apenas fingia! Minha mulher sempre foi muito vaidosa. Toda vez que arrumava o cabelo ou mudava a maquiagem, a primeira coisa que fazia era me mostrar. Depois do incêndio, quando entrei naquele quarto do hospital e vi minha esposa toda queimada, sabia que ela não gostaria que eu a visse assim. Durante todos esses anos, eu me sacrifiquei fingindo ser cego, para que ela tivesse uma vida melhor. Até o momento de sua morte, foram 20 anos vivendo com alegria e amor!



Essa história nos faz refletir e traz inúmeros ensinamentos para todos nós.

O tamanho do nosso amor por alguém não é medido apenas pelos momentos felizes partilhados, mas principalmente pela capacidade de nos sacrificarmos para que o outro seja mais feliz.

Vale destacar uma frase do escritor francês Henri Bordeaux, "O amor sem sacrifício é uma ilusão, e o sacrifício sem amor é uma impossibilidade", e um trecho de Antoine de Saint-Exupéry, "Eis o meu segredo: só se vê bem com o coração. O essencial é invisível aos olhos. Os homens esqueceram essa verdade, mas tu não deves esquecer. Tu te tornas eternamente responsável por aquilo que cativas".

## 4ª ATITUDE NEGATIVA

### Ausência de atitudes carinhosas e gentis!

Acorda gente! Ser gentil está na moda!

Falo agora para os rapazes. Preste atenção, meu caro: qual é a mulher que não gosta de uma gentileza? Qual a mulher que não gosta de ver o rapaz abrir-lhe a porta do carro? Qual a mulher que não gosta de chegar a um restaurante onde o rapaz afasta a cadeira para ela sentar? Qual a mulher que não gosta de receber uma rosa de surpresa? Qual a mulher que não gosta de ser tratada com carinho e respeito?

Hoje em dia, se a namorada não ficar atenta, o rapaz abusado já se sentou, já comeu, já bebeu e ainda fala sem a menor cerimônia: "Paga você que eu 'tô' duro".



Como quero que as pessoas se deem bem, eu dou um conselho para os rapazes: é preciso valorizar mais a sua namorada. Já notou como ela se prepara toda para sair com você? Ela arruma o cabelo, as unhas, coloca seu perfume preferido. Fica combinando a roupa, passa um tempão escolhendo as peças de seu vestuário. Sabe por que ela faz tudo isso? Pelo prazer de estar na sua companhia e, na maioria das vezes, você não diz nem uma palavra de elogio.

Quantas vezes a namorada se produz toda e o namorado chega de chinelo de dedo, bermuda velha, boné para trás e camisa de time de futebol? Pelo amor de Deus!

Meu irmão, não tenho nada contra a sua roupa. Eu não tenho nada com a sua vida. Mas tenho muito, sim, com a sua felicidade. Se você quiser ser feliz, cuide bem da sua namorada começando pelo cuidado com sua aparência. Sua namorada tem o direito de se sentir bem ao seu lado: isso é direito dela (e vice-versa). "A gentileza é a essência do ser humano. Quem não é suficientemente gentil não é suficientemente humano." (Joseph Joubert).

## *Céu ou inferno?*

(Autoria desconhecida)

Certo dia, um sábio, ao passar por uma praça, viu um casal de namorados discutindo aos gritos e agredindo-se mutuamente.

Com muita calma e sabedoria, aproximou-se do casal e perguntou:

– Jovens, acho que posso ajudá-los. Mas para isso preciso de uma resposta; vocês sabem qual é o motivo de tantas brigas e discussões?

Os namorados olharam um para o outro e balançaram a cabeça acenando que não.

O sábio disse:

– Hum... já desconfiava. O problema de vocês é que não sabem a diferença entre o céu e o inferno! Quem não sabe isso não pode namorar, pois nunca dará certo.

Os jovens sorriram, mas fizeram "cara feia", insinuando que aquele velho não sabia o que estava falando.

O sábio, sem perder a calma, disse com muita sabedoria:

– Certa vez, tive um sonho em que vi um grande monte de arroz, cozido e preparado como alimento. Ao redor dele, muitos homens, prontos para morrer.

Não podiam se aproximar do monte de arroz. Mas possuíam longos palitos de dois a três metros de comprimento. Apanhavam a comida, mas não conseguiam levá-la à própria boca, porque os palitos em suas mãos eram muito longos. Assim, famintos e moribundos, embora juntos, solitários permaneciam, curtindo uma fome eterna, diante de uma fartura inesgotável. Parecia que não havia jeito de saciar a fome diante de tanta fartura. E isso era o INFERNO.

E continuou:

– Vi outro monte grande de arroz, cozido e preparado como alimento. Ao redor dele, muitos homens famintos, mas cheios de vitalidade. Não podiam se aproximar do monte de arroz. Mas possuíam longos palitos de dois a três metros de comprimento. Apanhavam a comida, mas não conseguiam levá-la à própria boca, porque os palitos em suas mãos eram muito longos. Mas, usando seus imensos palitos, eles serviam o arroz uns aos outros, e assim matavam sua fome insaciável. Numa grande comunhão fraterna. Juntos e solidários. Gozando a excelência dos homens e das coisas. Isso era o CÉU.

Houve um grande silêncio... Olhando para o casal de namorados, o sábio assim disse:

– Vocês podem transformar sua convivência no que quiserem: em céu ou inferno. A escolha é de vocês. Se não se respeitarem, se procurarem só interesses particulares, se não se preocuparem com o bem-estar do outro e não dialogarem sempre, o namoro de vocês será um inferno! Mas, se houver amor e carinho, respeito e afeto, diálogo e verdade, o relacionamento será um pedacinho do céu!

O sábio retirou-se, deixando os jovens pensativos, abraçados e em paz.

E você? Tem feito do seu relacionamento um "céu" ou um "inferno"?

Tudo é uma questão de escolha. Sempre. "Muito frequentemente, nós subestimamos o poder do carinho, de um sorriso, uma palavra amável, um ombro amigo, dar ouvidos, um elogio honesto, ou o menor ato de dedicação, pois todos têm o poder de transformar uma vida." (Leo Buscaglia).

## 5ª ATITUDE NEGATIVA



### Isolamento arriscado e perigoso

Tome cuidado com a quinta atitude negativa do namoro. Muito cuidado!

Quando começa o namoro, muitos casais isolam-se de tudo e de todos. Dizem "não" para as antigas amizades, deixam de lado a própria família. Há quem, cego de paixão, abandone o trabalho e até a faculdade!

É claro que o casal precisa de momentos a sós quando se ama. Isso é totalmente normal. Mas não em todas as horas nem todos os dias. Como ficam os amigos? O trabalho? A família? O estudo?

Se o isolamento for total, qualquer relacionamento está fadado ao fracasso. Além disso, o namoro pode criar um clima artificial para avaliar o caráter do outro.

Durante o namoro, tudo parece um sonho. A garota pensa: "Eu achei meu príncipe encantado. Ele é perfeito. É tudo que eu sempre sonhei". O rapaz pensa: "Achei uma princesa. Ela é perfeita, não tem nenhum defeito". Parece estar indo tudo bem, até que os defeitos e manias aparecem. Por isso, é preciso ter paciência, muita paciência para realmente conhecer o outro. Como dizem os antigos: "Não se conhece verdadeiramente uma pessoa antes de comer com ela um saco de sal". E olha que, para se comer um saco de sal, demora e muito!

Perfeição só em Deus! Eu, você, nós, seu namorado ou sua namorada, todos somos imperfeitos. Temos nossos defeitos, manias, traumas, carências. Quem deseja ter alguém, precisa reservar tempo para "trocar ideias", conversar para compreender por que a outra pessoa é do jeito que é. E, com amor e carinho, ajudá-la a se tornar uma pessoa melhor.

Dica importante: para que eu venha a ser o que devo ser, é preciso que alguém me aceite como sou! O amor muda toda e qualquer situação! "Mas, pela graça de Deus, sou o que sou [...]" (1Coríntios 15,10).

Deus quer sua felicidade. Você nasceu para ser feliz! Você nasceu para dar certo!

Acredito que a felicidade passa pelos nossos relacionamentos. Precisamos fazer de nossas amizades, do namoro ou casamento, um canal da bênção de Deus.

Nos retiros onde já preguei, nas escolas que visitei, faculdades em que dei palestras e nas conversas com tantos jovens, depois de muito diálogo, oração e paciência, chegamos a uma mesma conclusão: não há nada melhor que namorar com a bênção de Deus!

É bom demais ter ao lado uma pessoa que se preocupa com você. Que ama você de verdade. Ter alguém que espera sua chegada, que ligue perguntando: "Como você está?", ou simplesmente para dizer: "Acabei de me lembrar de você".

## *Free hugs*

(Autoria desconhecida)

Em meados de 2006, Juan Mann era só um homem estranho que ficava parado em frente ao Pitt Street Mall, em Sydney, na Austrália, oferecendo abraços de graça às pessoas que passavam pela rua. Certo dia, Mann ofereceu um abraço a Shimon Moore, líder da banda Sick Puppies, e desde então ambos se tornaram bons amigos.



Na época, Moore trabalhava de dia no Pitt Street Mall, mas à noite atuava como músico. "Eu era um desses homens-sanduíche no Pitt Street Mall anunciando venda de sapatos", disse Moore ao smh.com.au em setembro de 2006.

Um dia, Moore pediu a câmera do pai emprestada e decidiu filmar Mann fazendo sua performance por "free hugs". Quando o Conselho da Cidade de Sydney tentou banir a campanha, Mann e seus amigos fizeram uma petição com mais de 10 mil assinaturas apoiando o movimento do "abraço de graça".

Depois que a avó de Mann morreu, Moore fez uma mixagem do vídeo da campanha do "free hugs" com a música "All the Same", gravada pela banda Sick Puppies, para dar de presente ao amigo.

O vídeo apresenta uma história verdadeira e cheia de esperança, que inspira a humanidade. Algumas vezes, um abraço é tudo de que precisamos! "Free hugs" é um caso real sobre um homem que acreditava que sua missão era trazer alegria para a vida das pessoas por meio de um abraço.

Que lição de vida! Nenhum ser humano nasceu para viver sozinho, isolado, deprimido e infeliz. Solidão, como dizem, é "um lugar bom de visitar uma vez ou outra, mas ruim de adotar como morada".

A segunda coisa mais difícil do mundo é viver a dois. E a primeira? Viver sozinho! "Não há nada que esteja só; nada pode estar em completa solidão: o que existe necessita de outro para ser." (Leopoldo Schfer)

# 4

# *Cinco conselhos para um namoro abençoado*

Muitas pessoas que desejam ter alguém, não querem apenas namorar: elas almejam namorar felizes! Como já disse, Deus deseja abençoar você e seu namoro.

Mas você precisa colaborar com as bênçãos do céu. Se faz tudo errado, se vive apenas de momento sem pensar no futuro, se age sem levar em conta as consequências de suas ações, como você será alvo da graça de Deus?

Poderia aqui elencar uma lista enorme de conselhos para que isso aconteça. Mas vou levar em conta o que os jovens atualmente partilham comigo, e o que tenho visto e ouvido ultimamanete a respeito de um namoro abençoado.

Há quem diga que, "se conselho fosse bom, ninguém dava, vendia". Isso quer dizer o seguinte: muitos conselhos são dados às pessoas, porém são literalmente desprezados ou considerados inadequados por quem os ouve. Eu, particularmente, sou grato pelas "dicas" que recebi de pessoas que me queriam bem, pois muitos dos meus acertos e sucessos foram consequência de sábios e acertados conselhos!

> *para conhecer a sabedoria, a instrução, para compreender as palavras sensatas, para adquirir as lições do bom senso, da justiça, da equidade e da retidão; para dar aos simples o discernimento, ao adolescente a ciência e a reflexão. Que o sábio escute, e aumentará seu saber, e o homem inteligente adquirirá prudência. (Provérbios 1,2-5)*

Então, vamos lá:



## 1º CONSELHO

### Não transforme as pessoas em coisas

As pessoas devem ser amadas, e as coisas, usadas. Nosso sofrimento é porque fazemos justamente o contrário.

Jovem, não se iluda! Não entre na onda do "ficar". Se escolher relacionar-se assim com os outros, não tem como você escapar das consequências negativas que, mais cedo ou mais tarde, virão. Há um tempo para plantar e um tempo para colher. Colheremos o que plantarmos. Não duvide disso: plantar é opcional, colher é obrigatório.

Saiba que você é especial para Deus. Você existe para amar e ser amado, e não para usar e ser usado. Não somos objetos descartáveis, mas pessoas dignas de respeito e consideração.

Para você que deseja namorar e sonha encontrar alguém, tenha certeza de que Deus também quer assim. O desejo do seu coração é o mesmo do coração de Deus. Mas não fique como "macaco pulando de galho em galho". Um dia o galho quebra e você se arrebenta... Então, será tarde.

Ouvi certa vez um jovem dizer: "Enquanto não encontro a mulher certa, eu me divirto com as erradas". Apesar de não concordar com isso, podemos tirar uma lição: saiba que muitos "ficam" com você porque ainda não encontraram a pessoa certa e, consequentemente, consideram você apenas um passatempo.

Alguém que "fica" repetidas vezes, com várias pessoas numa mesma noite, está procurando um namoro sério? Será um namoro abençoado?

Preste atenção: goste de você antes de gostar dos outros. Não use e não se deixe usar. Não entre nessa onda de usar as pessoas. Não acredito que alguém que vive usando os outros seja abençoado por Deus.

A Bíblia não diz "usai uns aos outros como eu vos uso". Mas sim "'amai-vos uns aos outros como Eu vos amo[...]" (Evangelho segundo São João 15,12).

## 2º CONSELHO

### Escute o que seus pais têm a dizer

Eis uma dica valiosa a ser tratada com seriedade e atenção especial: aprender a ouvir conselhos! O individualismo excessivo e o orgulho são inimigos declarados de tal prática. Os portadores dessas duas características dificilmente aceitam o aconselhamento e, por vezes, tomam decisões solitárias e renegadas, que levam a consequências desastrosas e, não raramente, vergonhosas!

Deseja realmente ser feliz? Siga as orientações dos seus pais. Ninguém ama você mais do que eles, especialmente sua mãe.

Infelizmente, tem filho que trata a mãe como uma escrava, mas a namorada recebe atenção digna de uma rainha. Então, mude já! Cuide de sua namorada como uma princesa, porque a rainha é a sua mãe. Todo filho deve ter em seu coração um altar para aquela que o criou!

Deseja saber como será tratado (ou tratada) depois do casamento? Veja o tratamento que a pessoa com quem você namora dispensa aos pais. Se não ama os "de casa", como poderá amar e se doar para os "de fora"?

Muitos adolescentes e jovens deveriam aprender a tratar as pessoas da sua família como se fosse um cão vira-lata. E não se assuste com isso! O cachorrinho (se você tiver um, sabe do que estou falando) lambe os "de casa" e morde os "de fora". O que tem acontecido hoje em dia? Muitas pessoas, principalmente jovens apaixonados, têm lambido os "de fora" e mordido os "de casa". Pura verdade!

A caridade começa dentro de casa! É também em família que compreendemos o que vem a ser a tal liberdade. Muitos alegam que não precisam ouvir os pais porque isso lhes tiraria a liberdade. Que erro!

Liberdade não é fazer o que eu quero, do jeito que eu quero, na hora que eu quero. Isso é libertinagem. Liberdade é casar o "eu quero" com o "eu posso" e com o "eu devo". "Tudo me é permitido, mas nem tudo convém. Tudo me é permitido, mas eu não me deixarei dominar por coisa alguma." (1Coríntios 6,12).

Repito: liberdade não é fazer o que se quer. Nem tudo o que queremos, podemos. E nem tudo o que podemos, devemos! Liberdade é conjugar querer, poder e dever, não esquecendo das consequências.

Ouça os seus pais, ouça as pessoas que lhe querem bem. Deus ordenou aos pais: "Ensinai-as [as palavras de Deus] aos vossos filhos, falando-lhes delas seja em vossa casa, seja em viagem, quando vos deitardes ou levantardes" (Deuteronômio 11,19). Esta é a responsabilidade dos pais, e eles não podem deixá-la para os outros. Mas, é claro, vai pesar sobre seus ombros a responsabilidade das escolhas. "Ouve, meu filho, a instrução de teu pai: não desprezes o ensinamento de tua mãe." (Provérbios 1,8).





## 3º CONSELHO

## Cuidado para que a religião não vire divisão!

Tenho recebido inúmeros jovens com problemas graves no namoro por causa de religião. Atualmente, há muitos evangélicos e membros de seitas que são abertamente anticatólicos. E manter um relacionamento (namoro) com uma pessoa assim é muito complicado.

Por isso, vou lhe dar mais um conselho: quando for procurar alguém para namorar, veja se a pessoa é cristã católica. Isso evitará muitos problemas e dores de cabeça no futuro não muito distante.

Alguns podem me questionar: "Padre, você não está sendo muito rigoroso? Isso não é discriminação religiosa?". A resposta: absolutamente que não! Estou olhando seu namoro, mas já tendo em vista seu casamento, sua família. Não desejo que sua casa vire um "inferno" por causa de debates e provocações religiosas.

Você que é católico(a) praticante, que participa da Santa Missa, procura conhecer cada vez mais a Palavra de Deus e é devoto de Nossa Senhora, terá problemas ao se casar com uma pessoa de outra religião porque, na maioria das vezes, ela não respeita o catolicismo.

Durante o namoro ainda dá para levar, mas, depois que forem morar debaixo do mesmo teto, as coisas mudam. E como mudam!

Os problemas começam na hora do casamento: em qual igreja (religião) casar? Será padre, pastor, os dois ou ninguém?

Depois do matrimônio, as divergências continuam. Você deseja ir à Missa, seu cônjuge quer participar do culto dominical. Na sala, você deseja ter uma imagem de Nossa Senhora ou um crucifixo, e isso é motivo para discussão. Você quer assistir a um programa católico e gosta de ouvir um padre, mas seu cônjuge prefere ver um canal evangélico e só ouve pastor. E o pior está ainda por vir. Quando nasce a criança, as coisas se complicam: você quer batizar, enquanto seu cônjuge pretende apenas consagrar. Um quer colocar na catequese, o outro quer a escola dominical. E daí por diante.

Responda-me: essa criança terá duas religiões ou vai-se esperar que ela cresça para escolher, correndo-se o risco de ela acabar não optando por nenhuma? Não menospreze o conselho bíblico: "Porventura, caminharão juntos dois homens, se não tiverem chegado previamente a um acordo?" (Amós 3,3).

Espero que sua fé seja firme e que você seja um(a) católico(a) convicto(a) para não ficar mudando de religião por causa de carência afetiva.

"Buscai em primeiro lugar o reino de Deus e a sua justiça, e todas estas coisas vos serão dadas em acréscimo" (Mateus 6,33). Até um namorado.

## 4º CONSELHO

### Busque sempre a amizade com Jesus Cristo!

Muitos pensam que serão realmente felizes quando estiverem envolvidos emocionalmente com alguém e fazem de tudo – loucuras e ações impensadas – até conseguirem seu objetivo: ter alguém.

Eis o que diz o Senhor:

> *Maldito o homem que confia em outro homem, que da carne faz o seu apoio, e cujo coração vive distante do Senhor! Assemelha-se ao cardo da charneca e nem percebe a chegada do bom tempo, habitando o solo calcinado do deserto, terra salobra em que ninguém reside. Bendito o homem que deposita confiança no Senhor, e cuja esperança é o Senhor. Assemelha-se à árvore plantada perto da água, que estende as raízes para o arroio; se vier o calor, ela não temerá, e sua folhagem continuará verdejante; não a inquieta a seca de um ano, pois ela continua a produzir frutos. Nada mais ardiloso e irremediavelmente mau que o coração. Quem o poderá compreender [...] (Jeremias 17,5-9)*

Não nos esqueçamos disso: “Nada mais ardiloso e irremediavelmente mau que o coração”! Por isso, transmito um conselho que julgo valioso: antes de se envolver emocionalmente com alguém, primeiro se aproxime de Jesus. Busque a Deus! “[...] Porque sem mim nada podeis fazer” (João 15,5).

Tenha uma vida de oração. Reserve um tempo para leitura e meditação da Palavra de Deus. E, antes de começar a se envolver com alguém, tenha a coragem de dizer para Deus: se for da Sua vontade, que aconteça; se não for, que desapareça.

Acredite, Deus sabe mais do que você, Deus sabe mais do que eu. Quando algo não acontece no presente é porque Deus tem nos reservado algo melhor no futuro. Sendo assim, não existe razão nenhuma para desespero quando um relacionamento amoroso não acontece, ou quando termina. Nesses momentos coloque-se nas mãos de Deus e confie.

Há pessoas que, com o término de um namoro, perdem a alegria de viver e só pensam na morte. Não querem saber de mais nada. Só pensam e falam besteiras! Isso quando não ficam se humilhando, rastejando aos pés do outro, mendigando migalhas de atenção e carinho.

Onde está a sua fé? Será que você não confia em Deus? Não acredita que Deus está vendo o amanhã e cuidando de você? É muito melhor perder o namorado hoje, do que o marido amanhã. É muito melhor terminar um namoro do que um casamento. Deus vê lá na frente.

O importante na vida não é o que o outro faz comigo, mas o que eu faço a partir do que chega até mim. Isso faz toda a diferença. Aprenda: o outro pode até me abandonar, mas eu nunca posso me abandonar, nunca posso duvidar de mim. Augusto Cury diz com grande sabedoria: "Quando somos abandonados pelo mundo, a solidão é superável; quando somos abandonados por nós mesmos, a solidão é quase incurável..."

Nos momentos de abandono e traição, precisamos acalmar nosso coração e confiar mais em Deus. Não conhecemos o futuro, mas podemos conhecer a Deus, que já está ciente do nosso futuro!

Na hora do desespero, recorra à Palavra de Deus e encontrará paz: "Em meio à adversidade vós me conservais a vida, estendeis a mão contra a cólera de meus inimigos; salva-me a vossa mão." (Salmo 137,7). "Depõe no Senhor os teus cuidados, porque Ele será o teu sustentáculo; não permitirá jamais que vacile o justo." (Salmo 54,23). "Não se perturbe o vosso coração. Credes em Deus, crede também em mim." (João 14,1). "Espera no Senhor e sê forte! Fortifique-se o teu coração e espera no Senhor!" (Salmo 26,14).



## 5º CONSELHO

## Priorize os estudos

Jamais desista do seu trabalho ou dos estudos por causa de namoro. Isso nunca! Uma pessoa que pede para você abandonar o emprego ou seus estudos não te ama. Isso é paixão, é sinal de desequilibro, de sentimento de posse.

Já acompanhei muitos casos de pessoas que abandonaram a faculdade ou o trabalho por causa de um "grande amor" e hoje pagam um alto preço. Estão infelizes com o relacionamento e não têm horizonte de mudança. Convivem com uma pessoa rude, sem diálogo, agressiva e altamente ciumenta. E o que fazer? A maioria não tem como fazer nada, pois não estudaram, não trabalham e, consequentemente, não têm renda. Isso acontece em muitos casamentos.

Antes de pensar em casamento, procure estudar e trabalhar. Faça a tão sonhada faculdade e economize parte da sua renda para investir no seu futuro. Assim, quando chegar a casar, você ficará com a outra pessoa por amor, e não por necessidade ou falta de opção melhor.



## *Pedras grandes na vida*

(Autoria desconhecida)

Um professor quis surpreender seus alunos durante uma aula. Tirou de baixo de sua mesa um recipiente grande de boca larga. Colocou–o sobre a mesa ao lado de uma pilha de pedras do tamanho de um punho e perguntou:

– Quantas pedras vocês acham que cabe neste recipiente?

Após algumas conjecturas dos presentes, o professor começou a colocar as pedras até encher o recipiente. Então perguntou:

– Está cheio?

Todos olharam para o recipiente e disseram que sim. Em seguida, ele tirou um saco de pedrinhas bem pequenas de baixo da mesa. Colocou parte delas dentro do recipiente e agitou-o. As pedrinhas infiltraram-se nos espaços entre as pedras grandes. O professor novamente perguntou:

– Está cheio?

Alguns alunos retrucaram, mas todos concordaram que sim.

– Muito bem, exclamou o professor, pousando sobre a mesa um saco de areia, que começou a despejar dentro do recipiente. A areia infiltrava-se nos pequenos buracos deixados pelas pedras e pedrinhas. Está cheio?, perguntou de novo. Dessa vez, todos responderam que sim.

Pegou, então um jarro e começou a derramar água dentro do recipiente, que a absorvia sem transbordar. Então ele deu por encerrada a experiência e retrucou:

– Agora, sim, está cheio. Bem, o que podemos aprender com esta demonstração?

Um aluno, levantou e disse:

– Professor, talvez o senhor queira dizer que não importa o quanto cheia esteja a nossa agenda. Se quisermos, sempre conseguiremos fazer com que caibam outros compromissos e diversões.

– Na verdade, não é bem isso. O que esta lição nos ensina é que, se não colocarmos as pedras grandes primeiro, nunca seremos capazes de colocá-las depois. Pense bem...

O professor então pegou outro recipiente, outras pedras grandes, outras pedrinhas, outro saco de areia e outro jarro de água. Ele começou colocando a água, depois a areia, seguida pelas pedrinhas pequenas, mas quando foi colocar as pedras grandes, estas já não cabiam no recipiente.

E quais são as pedras grandes em nossa vida? Quais são nossas prioridades? Dessa resposta depende nosso sucesso ou fracasso. Cada um coloca dentro do recipiente de sua vida aquilo que deseja, mas não podemos deixar em segundo plano Deus, a família, o cuidado com a saúde e o estudo. Depois dessas grandes pedras vem o namoro.

Abandonar Deus (tem gente que abandona!), a família, os estudos e o trabalho por causa de namoro é loucura. Não faça isso. Quando alguém entra na nossa vida é para somar e não para subtrair. Se acontece o contrário, é um péssimo sinal.

Li certa vez, numa livraria, um pensamento do qual nunca mais esqueci: "Os livros nos dão conselhos que os amigos não se atreveriam a dar-nos."

Estes cinco conselhos para quem deseja ter não apenas um namoro, mas um namoro abençoado, são propostas e não imposições. Não é a toa que São Paulo aconselha: "Examinai tudo: abraçai o que é bom." (1Tessalonicenses 5,21).

# 5

# *Falou, explicou, mas não convenceu*

No início, todo namoro parece perfeito. O casal anda sobre as nuvens. Um chama o outro de xuxuzinho, "benhê", docinho de coco, paixão, "mozão", vida, bebê, anjo... e por aí vai.

Infelizmente, como nada é para sempre nessa vida, muitos namoros chegam ao fim. Se existir motivo concreto para o desenlace (uma traição, falta de respeito ou agressões físicas), o término fica, digamos, "mais simples" de ser realizado.

Quando a única causa para o fim da relação, porém, é um dos lados simplesmente não querer mais namorar, entram em cena as famosas "desculpas esfarrapadas". Não importa quem seja, mas, se porventura um dia seu namoro chegar ao fim, pode ter certeza de que você escutará uma das famosas frases listadas a seguir.

*Preciso de um tempo para pensar.*

Tradução: tempo para pensar como é bom ficar longe de você.

*A chama do nosso amor se apagou. Só a distância pode reacender aquele nosso fogo.*

Tradução: para falar a verdade, nunca houve fogo algum, nem uma faísca.

*Nós vamos sempre nos amar, acredite. Apenas será de uma maneira diferente. A distância vai evitar que o nosso amor se desgaste.*

Tradução: sinto por você apenas tédio. Fica longe, tá?

*Eu abafo você. Você vai crescer muito sem mim.*

Tradução: seu ciúme me sufoca, vê se cresce!

*No plano espiritual, estaremos sempre juntos. Nada vai nos separar.*

Tradução: mas aqui, neste "mundão de Deus", quero você bem longe.

*Tenho que ficar sozinho um tempo. Não estou sendo boa companhia para ninguém.*

Tradução: entre você e a solidão, fico com a segunda opção.

*Você vai ficar melhor sem mim. Juro. Vai encontrar um cara à sua altura.*

Tradução: eu acabei de encontrar uma mulher do meu tamanho.

*Vamos apenas dar um tempo. Preciso esfriar minha cabeça.*

Tradução: quando sair daqui, você não me verá nunca mais.

*Tenho uma coisa para lhe dizer nesta conversa final: você nunca entrou numa guerra para perder.*

Tradução: pegue sua armadura e vá guerrear longe de mim.

*Estou numa crise comigo mesmo. Tenho que respirar.*

Tradução: você é a minha crise, pois, quando estamos juntos, eu não consigo respirar.

Se não fosse trágico, isso seria cômico!

Quem deseja namorar, precisa carregar no coração duas atitudes iniciais: a de não buscar sofrimento e a de não ser motivo de sofrimento para o outro. São questões fundamentais.

Antes de iniciar um relacionamento sério (namoro), pense se você deseja mesmo levar a pessoa a sério e não ser causa de sofrimento, decepção e perda de tempo.

As "desculpas esfarrapadas" – para o término de um relacionamento – são até legais de serem comentadas, mas são duras de serem ouvidas. Pense nisso. "O remorso é uma dor que nos adverte da existência em nós de algumas desordens; serve, como a dor física, para a conservação da vida." (Félicité Robert de Lamennais).

# 6

# *Dez conselhos preciosos*

De maneira disfarçada e sorrateira, “três irmãs” se uniram para minar todo e qualquer relacionamento amoroso. Chamo-as de “trigêmeas da enganação”, filhas do orgulho e da falsidade. São elas: a promiscuidade, a infidelidade e a futilidade.

Essas “trigêmeas” não podem ver um namoro dando certo, que ficam rondando, esperando um pequeno descuido para entrarem em ação.

Há quem as chame de “insignificantes”, e muitos as veem apenas como um detalhe na relação. Mas basta uma delas – ou as três – entrar no barco do namoro para que ele comece a afundar.

Quem deseja um relacionamento duradouro e feliz deve buscar um amor comprovado por gestos concretos de doação, fidelidade, diálogo, paz, cumplicidade e dedicação.

Não permita que as “trigêmeas da enganação” firmem âncora no seu namoro; pelo contrário, convide as "filhas da verdade" para combaterem a seu favor. São elas: a justiça, a fé, o amor e a paz. "Foge das paixões da mocidade, busca com empenho a justiça, a fé, a caridade, a paz com aqueles que invocam o Senhor com pureza de coração." (2Timóteo 2,22).

Todo namoro pressupõe uma troca: ser e fazer o outro mais feliz. Quem busca um relacionamento deseja melhorar e não piorar. Como dizem, "o pior cego é aquele que não quer ver". Não se engane, relacionamento que começa de qualquer jeito termina de qualquer jeito.

Para quem deseja começar um namoro da maneira certa (e não de qualquer jeito), compartilho algumas dicas que têm ajudado muitas pessoas solitárias a darem o primeiro passo. São os "dez conselhos para quem deseja arrumar alguém", relacionados a seguir.



## 1º CONSELHO

## Livre-se do dito popular "namorado(a) não se arruma na noite"

Se você deseja ter alguém, o primeiro passo é mostrar ao mundo que você existe e está de bem com a vida.

Quem não procura, não acha nada. Deseja realmente começar um relacionamento? Saia com amigos, divirta-se, converse, sorria, passeie. Outra boa opção é participar do grupo de jovens (ou de adolescentes) da igreja perto da sua casa. O importante é não ficar parado esperando que alguém caia do céu! Movimente-se: faça caminhada, dê uma boa corrida, pratique algum esporte, viva!

Não fique trancado dentro do quarto o dia inteiro como um morcego. Pare de se esconder das pessoas. Não tenha vergonha de ser você! Seja otimista e alegre.

**Lembre-se**: Quem não é visto não é notado.

## 2º CONSELHO

## Frequente os lugares certos

Evite lugares onde "ninguém é de ninguém".

Em determinados ambientes, a probabilidade de você encontrar alguém que deseja um relacionamento sério é mínima. Pode até acontecer, mas é como procurar "agulha no palheiro".

Você sabe muito bem que, em certos tipos de lugares, se alguém se aproxima puxando conversa, na maioria das vezes, traz no coração segundas intenções. Geralmente, não estão procurando relacionamento sério, mas apenas "ficar", beijar, ter uma relação sexual e nada mais.

Evite lugares cheios de gente vazia.

**Lembre-se**: os lugares que você frequenta revelam o tipo de relacionamento está buscando.

## 3º CONSELHO

## Quem "fica" com todo mundo acaba ficando sem ninguém

Infelizmente, há pessoas que não querem compromisso com ninguém. Buscam apenas satisfazer os "prazeres da carne" e nada mais. E contam, como se fosse a maior vantagem, o número de pessoas que "pegaram" ("ficaram") numa só noite.

Para quem tem esse tipo de comportamento, as pessoas transformaram-se em coisas: pegou, usou, descartou. O tal do "ficar" só dura enquanto há satisfação e prazer. Como não há compromisso, passado o momento, acabou tudo e não ficou nada.

Os jovens podem até não dizer abertamente, mas sabem muito bem quem são as pessoas só para "ficar" (coisa de momento) e quem são aquelas para namorar (compromisso sério).

Quem "fica" com todo mundo acaba ficando sem ninguém! É assim que funciona. Por isso, tem gente que só vai ficando, ficando... ficando sozinho.



**Lembre-se**: Você não nasceu para ser usado, mas para ser amado. Valorize-se!

## 4º CONSELHO

## Cuide da maneira como se veste

Por meio da imagem, ocorre nosso primeiro contato com o outro. O modo como nos vestimos demonstra aquilo que procuramos! Não tenha dúvida disso.

Você sabe que não estou dizendo aqui para as garotas trajarem vestidos longos e os rapazes andarem de terno. Não é isso que estou afirmando. Mas não podemos "tapar o sol com a peneira". Em certos lugares, as mulheres (o que inclui adolescentes de 12 anos!) estão saindo praticamente nuas. Perderam totalmente a vergonha, o pudor e o temor a Deus. Essa é a verdade!

Quem se preocupa em mostrar demasiadamente o exterior pode estar querendo esconder o vazio interior. Como diz Oscar Wilde: “Demasiada maquiagem e muito pouca roupa para vestir são sempre um sinal de desespero para a mulher”.

Outro ponto que merece nossa atenção, por ser a causa da insatisfação de muitas namoradas, é o modo relaxado como alguns rapazes se vestem. A garota se produz toda: combina cores, muda de roupa várias vezes, passa perfume, capricha nos acessórios e em tudo o que tem direito. Chega o rapaz: chinelo de dedo, unhas sem cortar, bermuda folgada, camisa de time de futebol surrada e, para completar, cheirando à falta de banho. Ninguém merece!

A garota esperava um príncipe, mas se depara com um sapo! Se algumas mulheres pecam na “pouca roupa”, os rapazes pecam no péssimo gosto em se vestir: puro desleixo.

Ponto fundamental: o modo como me visto, ou me preparo para um encontro, demonstra o quanto a pessoa é importante ou não para mim. Não nos esqueçamos de que o outro tem o direito de se sentir bem ao nosso lado. “Não sabeis que sois o templo de Deus, e que o Espírito de Deus habita em vós? Se alguém destruir o templo de Deus, Deus o destruirá; porque o templo de Deus é sagrado – e isso sois vós.” (1Coríntios 3,16-17).

**Lembre-se**: Quem deve cuidar de você é você mesmo. A maneira como as pessoas vão tratá-lo e olhá-lo depende muito do modo como você se veste. Não deveria ser assim, mas infelizmente é!

## 5º CONSELHO

## Deixe o passado no passado

Muitas pessoas não conseguem começar um relacionamento sério porque não se libertaram totalmente do antigo. O namoro acabou? Então coloque um ponto final.

Há muitos relacionamentos que não terminaram direito. Isso acontece porque ficaram assuntos e sentimentos ainda não resolvidos. É impossível começar um novo relacionamento se o antigo não sai da sua cabeça, do seu celular, das conversas na internet, etc. Falta uma tomada de decisão. Do contrário, acontece o que vemos por aí: ex-namorados mantendo um relacionamento de puro utilitarismo!

Evite também o chamado "relacionamento ioiô": é um vai-volta sem parar. A sequência é parecida com essa: briga, separa e volta; briga, separa e volta; briga, separa e volta. Isso se repete tantas vezes que, se ouvimos a frase "terminei meu namoro" saindo da boca de certas pessoas, sabemos que, em breve, o casal estará voltando. Namoro assim vicia e, depois de casados (se eles chegarem a se casar), a história se repetirá várias vezes: briga, separa e volta... De tanto tentar colocar um ponto final, muitos acabam se tornando reticências.

O passado é lição para refletir, e não para repetir. Por isso, antes de começar um novo relacionamento, deixe o passado no passado! "Não pretendo dizer que já alcancei (esta meta) e que cheguei à perfeição. Não. Mas eu me empenho em conquistá-la, uma vez que também eu fui conquistado por Jesus Cristo." (Filipenses 3,13).

**Lembre-se**: Manter relacionamento com ex só para "manutenção mensal" não vai dar em nada. Pessoas que agem assim, além de não quererem relacionamento sério, acabam sozinhas.

## 6º CONSELHO

## Tenha outros objetivos além de apenas tentar arrumar alguém

Tem gente tão "fissurada" em arrumar alguém que só pensa nisso, dia e noite. Muitos entram em pânico só de imaginar a possibilidade de enfrentar a solidão.

Sabemos que ninguém nasceu para viver sozinho, mas sua vida não se resume apenas à busca ávida por um relacionamento. Enquanto isso não acontece, aproveite seu tempo para viajar, estudar, trabalhar. Comece a tão sonhada faculdade. Entre numa academia. O importante é manter seu tempo e sua cabeça bem ocupados, pois "mente vazia é oficina do diabo".

Antes de querer alguém, procure ser alguém!

**Lembre-se**: Antes de querer gostar de alguém, goste primeiro de você!

## 7º CONSELHO

## Cuidado com quem você anda

Procure andar com pessoas que colaborem com seu desenvolvimento pessoal, que se preocupem de verdade com você, que o façam crescer como "gente"! Há pessoas que não querem saber de nada e levam a vida de qualquer jeito. Vão acabar caindo num buraco e levando muita gente junto. Espero que você não esteja nessa turma...

"Quem visita os sábios torna-se sábio; quem se faz amigo dos insensatos perde-se." (Provérbios 13,20). "Não vos deixeis enganar: 'más companhias corrompem bons costumes'." (1Coríntios 15,33).

Suas companhias definem aquilo que você deseja e com quem deseja. Fique atento: se você não vive conforme pensa, acabará pensando conforme vive.

> *Feliz o homem que não procede conforme o conselho de ímpios, não trilha o caminho dos pecadores, nem se assenta entre os escarnecedores. Feliz aquele que se compraz no serviço do Senhor e medita sua lei dia e noite. Ele é como a árvore plantada na margem das águas correntes: dá fruto na época própria, sua folhagem não murchará jamais. Tudo o que empreende, prospera. Os ímpios não são assim! Mas são como a palha que o vento leva. Por isso, não suportarão o juízo, nem permanecerão os pecadores na assembleia dos justos. Porque o Senhor vela pelo caminho dos justos, ao passo que o dos ímpios leva à perdição. (Salmos 1).*

**Lembre-se**: Como diz um provérbio chinês, "as más companhias são como um mercado de peixe, e acabamos por nos acostumar ao mau cheiro".

## *Más companhias*

(Autoria desconhecida)

Um fazendeiro, enfrentando problemas com corvos em suas plantações de milho, carregou sua espingarda e rastejou sem ser visto pelo canto da cerca, determinado a atirar nos pássaros que prejudicavam sua colheita.

O fazendeiro possuía um papagaio muito falante, que fazia amizade com todo mundo. Vendo o bando de corvos, o papagaio voou e juntou-se a eles (apenas sendo sociável, é claro).

O fazendeiro viu os corvos, mas não percebeu o papagaio.

Ele fez cuidadosa pontaria e atirou!

O fazendeiro levantou-se por trás da cerca para pegar os corvos caídos, e lá estava seu papagaio, arrepiado, com uma asa quebrada, mas ainda vivo.

Ternamente, o fazendeiro levou o papagaio para casa, onde seus filhos o encontraram. Vendo que seu bicho de estimação estava ferido, chorando, eles perguntaram: "O que aconteceu, papai?".

Antes que ele respondesse, o papagaio falou mais alto: "MÁS COMPANHIAS!".

# 8º CONSELHO

## Saiba que ninguém é responsável pela felicidade do outro

Um dos maiores enganos, quando o assunto é relacionamento amoroso, é a crença de que a outra pessoa fará você feliz. Engana-se quem pensa assim.

Antes de ser feliz com os outros, precisamos estar bem e felizes com a gente mesmo. Como posso dar aquilo que não tenho? Quem não se ama, vai amar de verdade a quem? Quem não se aceita, vai aceitar a quem? Quem não convive com seus próprios erros, vai compreender os erros de quem?

A capacidade de ser feliz, em primeiro plano, está diretamente ligada a cinco necessidades psicológicas básicas do ser humano.

1. **Autoamor.** Você deve amar a si mesmo, aceitando-se tal como é, com suas qualidades e defeitos. O contrário disso é a crítica excessiva que fazemos a nós mesmos, fruto do perfeccionismo e da baixa autoestima.

2. **Autoestima.** Reconhecer o próprio valor como pessoa, aceitando-se incondicionalmente. Estar bem consigo mesmo.

3. **Autonomia.** Aceitar que você é um ser único. A principal característica de quem vive com autonomia é o ato de responsabilizar-se pelas próprias escolhas e consequências.

4. **Autoconfiança.** É a capacidade de acreditar que você dará conta. E "dar conta" não significa vencer sempre, mas sim ter coragem de enfrentar situações novas e de saber se levantar, mil vezes se for preciso, depois das quedas.

5. **Objetivos de vida.** Uma saudável perspectiva de futuro que, por intermédio dos sonhos e pro-

pósitos, tem o poder de entusiasmar sua vida. Onde você deseja chegar? Como quer chegar? Quando quer chegar?

**Lembre-se:** "Purifica o teu coração antes de permitires que o amor entre nele, pois até o mel mais doce azeda num recipiente sujo" (Pitágoras).

## *O anel*

(Autoria desconhecida)

Um jovem infeliz procurou um sábio, que morava no alto de uma montanha, e disse-lhe:

– Venho aqui, professor, porque me sinto tão inútil e não tenho forças para fazer nada. Dizem-me que não sirvo para coisa alguma, que não faço nada bem, que sou lerdo e muito idiota. Como posso melhorar? O que posso fazer para que me valorizem?

O sábio, sem olhá-lo, disse:

– Sinto muito, meu jovem, mas não posso ajudá-lo, pois devo primeiro resolver meu próprio problema. Talvez, depois.

E, após uma pausa, falou:

– Se você me ajudasse, eu poderia resolver esse problema com mais rapidez, e depois talvez possa ajudá-lo.

Como o jovem acenou com a cabeça mostrando-se disposto a colaborar, o sábio tirou um anel, que usava no dedo mínimo, e deu ao garoto, dizendo:

– Monte no cavalo e vá até o mercado. Quero vender este anel porque tenho que pagar uma dívida. É preciso que você obtenha o máximo possível, mas não aceite menos que uma moeda de ouro. Vá e volte com a moeda o mais rápido que der.

O jovem pegou o anel e partiu. Mal chegou ao mercado, começou a oferecer o anel aos mercadores. Eles olhavam com atenção, mas perdiam o interesse quando o rapaz dizia que pretendia receber uma moeda de ouro pela joia. Alguns riam, outros saíam sem ao menos olhar para ele. Só um velhinho foi amável a ponto de explicar-lhe que uma moeda de ouro era muito valiosa para comprar um anel. Tentando ajudar o jovem, chegaram a oferecer uma moeda de prata e uma xícara de cobre, mas ele seguia as instruções de não aceitar nada menos que uma moeda de ouro e recusava as ofertas.

Depois de oferecer a joia a todos que passaram pelo mercado, e abatido pelo fracasso, montou no cavalo e voltou. Até desejou ter uma moeda de ouro para que ele mesmo pudesse comprar o anel, livrando a preocupação do sábio e, assim, receber ajuda e conselhos. Entrou na casa e disse:

– Velho sábio, sinto muito, mas é impossível conseguir o que me pediu. Talvez pudesse conseguir duas ou três moedas de prata, mas não acho que se possa enganar alguém sobre o valor do anel.

– Importante o que disse, meu jovem – contestou sorridente o mestre. – Devemos saber primeiro o valor da peça. Volte a montar no cavalo e vá até o joalheiro. Quem melhor para saber o valor exato do anel? Diga-lhe que quer vendê-lo e pergunte quanto ele dá por isso. Mas não importa quanto ele ofereça, não o venda. Volte aqui com meu anel.

O jovem foi até o joalheiro e deu-lhe o anel. O joalheiro examinou-o com uma lupa, pesou-o e disse:

– Diga ao seu mestre que, se ele quiser vender agora, não posso dar mais que 58 moedas de ouro pelo anel.

O jovem, surpreso, exclamou:

– Cinquenta e oito moedas de ouro!

– Sim – replicou o joalheiro. – Eu sei que, com tempo, poderia oferecer cerca de 70 moedas , mas se a venda é urgente...

O jovem correu emocionado de volta à casa do sábio para contar o que ocorreu.

– Sente-se – pediu o mestre.

Depois de ouvir tudo que o jovem contou-lhe, disse:

– Você é como esse anel, uma joia valiosa e única. E que só pode ser avaliada por um perito. Pensava que qualquer um podia descobrir o seu verdadeiro valor?

Ele voltou a colocar o anel no dedo e afirmou:

– Todos somos como essa joia. Valiosos e únicos, mas andamos pelos mercados da vida pretendendo que pessoas inexperientes nos valorizem.

## 9º CONSELHO

### Busque o equilíbrio

Na hora de procurar alguém para iniciar um namoro, busque sempre manter o equilíbrio. Por um lado, a timidez exagerada atrapalha, mas, por outro, a pessoa extrovertida demais pode não obter grandes sucessos.

Existe um grande segredo aqui: acima de tudo, não tenha vergonha de ser você. É certo que alguém vai amar você justamente pela sua maneira única de ser.

Um dos grandes erros é tentar ser o que você não é, querendo mostrar para os outros apenas o que alguns desejam ver. Não queira agir, falar, vestir e pensar como todo mundo. Não abra mão da sua verdade.

> *Insista em si mesmo; nunca imite. Seu próprio talento você pode apresentar a cada momento com a força acumulada pelo cultivo de uma vida inteira; mas do talento adotado de uma outra pessoa você tem apenas uma extemporânea posse parcial. Faça o que foi designado para você, e nenhuma esperança ou ousadia poderá ser demais. (Ralph Waldo Emerson)*



**Lembre-se:** Como diz uma música de Caetano Veloso, "cada um sabe a dor e a delícia de ser o que se é".

## 10º CONSELHO

### Peça ajuda ao céu

Sem a graça de Deus, todo o esforço humano será inútil. Falo por experiência de vida; longe de Deus não há verdadeira felicidade, mas pura ilusão.

Já acompanhei vários casais de namorados que tinham tudo para dar certo, mas a relação nunca ia para frente. Quando terminavam de resolver um problema, outro aparecia. E, juntos, chegamos sempre à mesma conclusão: sem a experiência do amor de Deus, por melhor que seja um relacionamento, não resistirá às tempestades da vida. Refiro-me à inveja, à traição, ao ciúme, à rivalidade e a tantos outros ventos que se opõem a um relacionamento voltado para a verdade, voltado para Deus.

Jesus é "especialista" em ser humano e, consequentemente, na difícil arte do relacionamento. Em uma de suas parábolas, Ele disse que havia dois homens, um sensato e outro insensato. O homem sensato (prudente) edificou sua casa sobre a rocha. "Caiu a chuva, vieram as enchentes, sopraram os ventos e investiram contra aquela casa; ela, porém, não caiu, porque estava edificada na rocha". Já o homem insensato construiu sua casa na areia. "Caiu a chuva, vieram as enchentes, sopraram os ventos e investiram contra aquela casa; ela caiu e grande foi a sua ruína" (Mateus 7,24-27).

Onde você pretende edificar seu namoro? Dessa resposta depende todo seu futuro emocional. Edifique seu namoro em Deus para que o casal, quando vierem as tribulações e desententimentos (o que é normal em todo relacionamento), permaneça unido e firme. "Põe tuas delícias no Senhor, e os desejos do teu coração ele atenderá." (Salmos 36,4).

**Lembre-se:** Deus é seu amigo, não seu rival. Ele está sempre do seu lado e quer você feliz!



## *Amou até a morte*

(Autoria desconhecida)

Um famoso professor encontrou-se com um grupo de jovens que falava contra o casamento. Eles argumentavam que é o romantismo que mantém um casal, e que é preferível acabar com a relação quando isso se apaga, em vez de se submeter à triste monotonia do matrimônio.

O mestre disse que respeitava opinião deles, mas contou-lhes a seguinte história:

– Meus pais viveram 55 anos casados. Numa manhã, quando minha mãe descia as escadas para preparar o café, sofreu um infarto. Meu pai correu até ela, levantou-a como pôde e, quase se arrastando, levou-a até a caminhonete. Dirigiu a toda velocidade até o hospital, mas, quando chegou, infelizmente ela já estava morta. Durante o velório, meu pai não falou. Ficava o tempo todo olhando para o nada. Quase não chorou. Eu e meus irmãos tentamos, em vão, quebrar a nostalgia recordando momentos engraçados.

Na hora do sepultamento, o pai, já mais calmo, passou a mão sobre o caixão e falou com sentida emoção:

– Meus filhos, foram 55 bons anos... Ninguém pode falar do amor verdadeiro se não tem ideia do que é compartilhar a vida com alguém por tanto tempo.

Fez uma pausa, enxugou as lágrimas e afirmou:

– Ela e eu estivemos juntos em muitas crises. Mudei de emprego, renovamos toda a mobília quando vendemos a casa e mudamos de cidade. Compartilhamos a alegria de ver nossos filhos concluírem a faculdade, choramos um ao lado do outro quando entes queridos partiram. Oramos juntos na sala de espera de alguns hospitais, nos apoiamos na hora da dor, e perdoamos nossos erros...

O pai continuou:

– Filhos, agora ela se foi e estou contente. E vocês sabem por quê? Porque ela se foi antes de mim e não teve que viver a agonia e a dor de me enterrar, de ficar só depois da minha partida. Sou eu quem vou passar por essa situação, e agradeço a Deus por isso. Eu a amo tanto que não gostaria que sofresse assim...

Quando o pai parou de falar, o professor e seus irmãos estavam com os rostos cobertos de lágrimas e o abraçaram, enquanto ele tentava consolá-los, dizendo:

– Está tudo bem, meus filhos; podemos ir para casa.

Por fim, o professor concluiu:

– Naquele dia entendi o que é o verdadeiro amor. Está muito além do romantismo, e não tem muito a ver com o erotismo, mas vincula-se ao trabalho e ao cuidado a que se professam duas pessoas realmente comprometidas.

Quando o mestre terminou a história, os jovens universitários não puderam argumentar, pois esse tipo de amor era algo que não conheciam.

O verdadeiro amor se revela nos pequenos gestos, no dia a dia e por todos os dias.

O verdadeiro amor não é egoísta, não é presunçoso nem alimenta o desejo de posse sobre a pessoa amada.



"Quem caminha sozinho pode até chegar mais rápido, mas aquele que vai acompanhado com certeza chegará mais longe e terá a indescritível alegria de compartilhar, alegria esta que a solidão nega a todos que a possuem." (autoria desconhecida).

# 7

# *"Meu namoro nunca dá certo!"*

Nenhum rompimento se mostra saudável num primeiro momento, principalmente quando o relacionamento parecia estável. A pessoa que acreditava viver ao lado de alguém partilhando a própria vida no presente (namoro), com vistas a algo mais sério no futuro (casamento), vê-se perdida e sem rumo. Vê seus projetos desmoronando.

O mais difícil no fim de um namoro é ter a coragem de enfrentar o sentimento de vazio e solidão que ficou. E agora, o que fazer? Na tentativa de preencher o vazio gerado pelo rompimento, a pessoa pode pensar que encontrar uma nova companhia seja a solução para o problema sentimental. Outros podem sentir medo de viver um novo relacionamento e voltar a sofrer.

Como se pode começar algo novo sem antes ter assimilado aquilo que foi vivido anteriormente? O passado é um mestre, e não um algoz! Olhando para o relacionamento que terminou, fica o aprendizado.

É preciso aprender com os erros, fracassos, quedas, e não repeti-los.

Quando olhamos para trás e sentimos culpa ou mágoa, saudade ou vergonha, estamos nos envolvendo numa teia de sofrimentos sem saída. O que passou, passou. Ficam os valiosos ensinamentos.

Há pessoas que sempre dizem: "Meu namoro nunca dá certo". Ah, que dó! Será que, olhando para trás, não viram nada que precisava ser abandonado ou mudado antes de começarem um novo relacionamento e acabaram repetindo tudo igualzinho ao anterior, tendo um final semelhante ou pior?

Muita atenção: antes de pensar em começar um novo relacionamento, faça uma revisão de vida levando em conta pelo menos cinco questões, que listo a seguir.



## 1ª QUESTÃO

Pergunte-se o que não deu certo ou o que não dava certo em relacionamentos anteriores e não repita os mesmos erros. Sempre temos algo a melhorar.

Atitude repetida, consequência repetida!

"Viver no passado é uma ocupação tola e solitária; olhar para trás tensiona os músculos do pescoço e faz com que você se encontre com pessoas que não estão no seu caminho." (Edna Ferber).

## 2ª QUESTÃO

Será que você não está idealizando demais um tipo de pessoa que não existe? Todos nós possuímos defeitos e ninguém tem tudo o que nos agrada. Procurar uma pessoa perfeita é procurar algo que não existe. Quem procura perfeição acaba na frustração!

## 3ª QUESTÃO

Apesar de estar namorando, será que não se esqueceu de respeitar o modo de ser do outro, querendo que ele seja, aja e pense exatamente como você? Muitos namoros terminam mal porque as pessoas ainda não aprenderam a conviver com as diferenças e querem transformar o outro em fantoche ou marionete. Quem não respeita a liberdade termina na saudade!

"Quando o homem aprender a respeitar até o menor ser da criação, seja animal ou vegetal, ninguém precisará ensiná-lo a amar seu semelhante." (Albert Schweitzer).

## 4ª QUESTÃO

Amor requer sacrifício! Para um relacionamento dar certo, precisamos abrir mão daquilo que "eu gosto" para fazer aquilo que o "outro gosta" e vice-versa. O que determina se uma pessoa está preparada para um relacionamento sério e duradouro não é tanto a capacidade de receber, mas de doar-se. Quem não se sacrifica se estrumbica!

"Um grande sacrifício é fácil, mas os pequenos sacrifícios contínuos são os que custam." (Goethe).

## 5ª QUESTÃO

Relacionamento requer simpatia e empatia. Ninguém consegue manter um namoro feliz e tranquilo com uma pessoa chata. Tem gente que reclama o tempo inteiro. Parece que tudo está ruim. E pode notar uma coisa: quem reclama demais fala demais. Ninguém suporta namorar uma pessoa pessimista, negativa e cheia de frescuras, que só reclama e critica todo mundo.

"A simpatia é a única e verdadeira fonte do amor." (Paolo Mantegazza). "A simpatia é o coração a sorrir no rosto." (Eduardo Girão).



## *Ingratidão*

(Autoria desconhecida)

Conta-se que um açougueiro fazia suas atividades habituais quando um cachorro entrou no estabelecimento. Ele se preparou para enxotá-lo, mas percebeu que o animal trazia um saco na boca e, ao verificar, achou um bilhete. Atendeu ao que ali estava escrito, devolvendo ao cão o saco, com carne bem acondicionada e troco dos valores que encontrara.

O animal, com o saco à boca, saiu tranquilamente do açougue e foi andando pela calçada. O açougueiro ficou intrigado:

– De quem seria aquele cão tão bem treinado?

Resolveu segui-lo. O cão chegou à primeira esquina, levantou-se nas patas traseiras e apertou o botão do semáforo para travessia de pedestres, parando o trânsito de veículos. Então, atravessou a rua na faixa de pedestres. Mais adiante, outro semáforo estava vermelho e o animal parou. Quando o sinal ficou verde, o cão atravessou a rua.

Chegou a um ponto de ônibus e esperou. Quando o primeiro ônibus parou, o cão olhou para o letreiro e não entrou. Quando outro ônibus parou um pouco depois, o animal voltou a olhar o letreiro. Desta vez, entrou e ficou perto da porta, acompanhando o trajeto com atenção.

O homem do açougue estava perplexo. Nunca vira nada igual.

Depois de várias quadras, o cão desceu do ônibus e seguiu um pequeno trecho. Em frente a uma casa, abriu o pequeno portão e entrou. Parou diante da porta e começou a bater com a cabeça na madeira. Depois, foi até uma janela e tornou a bater a cabeça contra o vidro, várias vezes.

Finalmente, a porta se abriu. Um homem grande e zangado veio para fora e começou a agredir o cão, chamando-o de bobão, inútil, traste.

O açougueiro não aguentou. Deteve a agressão e falou para o dono do cão:

– O que é isso? Você tem um animal extraordinário, treinado e inteligente, mas o agride dessa maneira?

– Inteligente? – gritou o dono. – Ele é um tonto. Já falei um milhão de vezes, mas este inútil vive esquecendo de levar a chave da porta.

Naturalmente, o conto é fictício. Pode levar ao riso, mas também pode nos fazer parar um momento para refletir e tirar uma grande lição. Quantos relacionamentos terminam porque agimos como o dono desse cão? Há pessoas que nos servem, nos agradam e nos amam, mas nós só reclamamos. Precisamos urgentemente aprender a reclamar menos e agradecer mais! Só assim seremos felizes.

## Resumindo

- Atitude repetida, consequência repetida!
- Quem procura perfeição acaba na frustração!
- Quem não respeita a liberdade termina na saudade!
- Quem não se sacrifica se estrumbica!
- Quem vive reclamando acaba com o namoro terminando!

# 8

# *Fique atento aos sinais de que não vai dar certo*

Não se começa um relacionamento de qualquer jeito, senão vai acabar também de qualquer jeito. Não devemos seguir apenas nossos impulsos, mas aprender a contemplar os sinais que a vida nos mostra. Um passo impensado hoje pode ser a causa da queda de amanhã.

Dos inúmeros sinais que observamos em tantos relacionamentos que fracassaram, destaco aqui cinco que comprometem o êxito de qualquer namoro. "Uma pessoa inteligente aprende com os seus erros, mas uma pessoa sábia aprende com os erros dos outros." (Augusto Cury).

Sejamos sábios!

## 1º SINAL

### Objetivos diferentes

Iniciar um relacionamento amoroso com quem tem objetivo diferente do seu é brincar com fogo. Objetivos diferentes podem, no início, parecer insignificantes. Mas, com o passar do tempo, podem ser a causa do fim do relacionamento.

O grande problema é que a pessoa fica "cega" quando ama e acredita que, se der tempo ao tempo, a outra pessoa vai mudar. Isso é muito arriscado, pois não é o que vemos na maioria dos casos. Frases de vários tipos, como "você sabia que eu gostava disso antes de a gente começar a namorar", são frequentes quando os mesmos objetivos não são compartilhados, ou pelo menos, respeitados. "Não basta dar os passos que nos devem levar um dia ao objetivo; cada passo deve ser ele próprio um objetivo em si mesmo, ao mesmo tempo que nos leva adiante." (Goethe).



## 2º SINAL

### Alvo constante de críticas

Como desejar que o namoro dê certo, se a outra pessoa vive humilhando, menosprezando e colocando você sempre para baixo? Isso acontece em muitos relacionamentos doentes, marcados por desafeto, competição e autossuficiência.

Não há como ser feliz ao lado de alguém que não valoriza nem respeita você. Na roda de colegas, você é sempre motivo de chacota e críticas constantes. Relacionamento assim não é namoro, isso é um inferno! "Aqueles que não fazem nada estão sempre dispostos a criticar os que fazem algo." (Oscar Wilde).

## 3º SINAL

## Apego exagerado ao dinheiro e bens materiais

Esse é um ponto que pode parecer sem importância, mas tem sido a causa de sofrimento, discussão, separação (e até morte) na vida de muitos casais: o apego ao dinheiro.

Sabemos que há pessoas que fazem tudo por dinheiro. E fazem mesmo! Para quem idolatra o dinheiro, nada, absolutamente nada – nem Deus ou família, nem filhos ou esposa –, é mais importante que uma conta cheia e uma carteira bem recheada.

Não podemos esquecer que, com o dinheiro, podemos comprar a cama, mas não o sono; o livro, mas não a inteligência; a comida, mas não a beleza; o divertimento, mas não a felicidade; uma casa, mas não um lar; um amante, mas não o amor!

Quem nunca ouviu histórias como a do marido que tratava o carro melhor do que a esposa? Ou dos filhos que "passaram a perna" nos pais por causa de dinheiro? Ou de relacionamentos amorosos de fachada por puro interesse financeiro e satisfação social?

O apego ao dinheiro influencia até no modo de se relacionar com Deus: "Ninguém pode servir a dois senhores, porque ou odiará a um e amará o outro, ou se dedicará a um e desprezará o outro. Não podeis servir a Deus e à riqueza" (Mateus 6,24). Precisar de dinheiro é uma coisa, mas ser ganancioso, avarento, já é outra coisa!

"Porque a raiz de todos os males é o amor ao dinheiro. Acossados pela cobiça, alguns se desviaram da fé e se enredaram em muitas aflições." (1Timóteo 6,10).

Fique esperto: "o avarento e o porco de engorda tornam-se úteis só depois de mortos" (Friedrich von Logau). "O avarento gasta mais no dia da sua morte do que gastou em dez anos de vida, e o seu herdeiro mais em dez meses do que ele na vida inteira." (Jean de La Bruyère).

## 4º SINAL

## Brigas constantes

Há certos relacionamentos que parecem não ser construídos no amor, no respeito e na doação, pois são marcados por brigas constantes, sempre por pequenos motivos. Estranho, não?

Fique de olho: se na fase de namoro uma pessoa age com estupidez, brutalidade e grosseria, ou briga constantemente com a outra – e até pratica agressão física –, isso só piora no casamento, pois então o relacionamento será diário. Os defeitos de caráter se tornarão mais visíveis, a presença física será contínua, o compartilhamento das mesmas coisas exigirá renúncia a muitos "direitos", etc.

Há quem acredite que depois do casamento as coisas irão melhorar. Quem pensa assim, talvez, acredite também em coelhinho da Páscoa e Papai Noel. Doce ilusão!

Brigas intermináveis revelam uma falta de compatibilidade do casal. Se isso não se resolve, mas piora cada dia mais, o resultado não poderá ser diferente da decepção e frustração.

Se seu relacionamento tornou-se uma briga constante ou, pior, uma monotonia, e você acredita que ambos já não estão mais tão "apaixonados" como no começo, talvez esteja na hora de levantar âncora e tocar o barco.

> *O objetivo da argumentação, ou da discussão, não deve ser a vitória, mas o progresso. (Joseph Joubert)*
> *A única forma de vencer uma discussão é evitá-la. (Dale Carnegie)*
> *Uma discussão prolongada significa que ambas as partes estão erradas. (Voltaire)*

## 5º SINAL

## Falta de compromisso com a própria vida



"Vivemos numa época de muitos amores e de pouco amor. De muita superficialidade e pouca riqueza interior." (Carlos Afonso Schmitt).

Um dos maiores sinais para indicar que uma relação não tem futuro e de que será sempre incerta é a superficialidade (que é irmã gêmea da futilidade).

Infelizmente, há pessoas que vivem só de aparência. É claro que o físico conta, mas não podemos parar aí. Se a pessoa vive em função do seu corpo, só se ocupa e se preocupa com isso, há aí um desequilíbrio com graves consequências.

Manter um namoro exclusivamente com base na atração física e no cuidado exagerado com o corpo pode até ser prazeroso no momento, mas o futuro será muito cruel. Conheço pessoas que foram abandonadas porque a aparência não satisfazia mais o parceiro. Relacionamentos assim nos mostram como existe gente superficial, fútil e vazia. É preciso encher a parte de fora para esconder o vazio que existe por dentro.

Além do "culto ao corpo", há outros sinais muito claros de que a relação está fadada ao fracasso. Não estou aqui julgando pessoas, mas atitudes.

Como você deseja ser feliz se mantém um namoro e pensa no futuro casamento relacionando-se com uma pessoa avarenta, que só pensa em dinheiro, ou que é dependente químico (usuário de drogas) ou alcoólatra? Para dividir sua vida, você deseja ter ao seu lado alguém que não gosta de trabalhar e, muito menos, de estudar? Você sonha morar com um parceiro que tem os nervos à flor da pele e dá sinais claros de agressividade?



Conheço muita gente que, por causa de uma paixão louca e cega, abandonou a família, os estudos e o trabalho, para viver uma linda história de amor com o "príncipe encantado". O problema está nas características do tal "príncipe": não gosta de trabalhar nem de estudar, é usuário de drogas, alcoólatra e, além de tudo isso, demonstra um ciúme doentio e agressivo. Pergunto: isso vai dar certo?

Acredito que toda pessoa pode mudar para melhor. Todo mundo tem jeito. Com força de vontade, determinação e fé, podemos chegar a lugares nunca antes imaginados.

Mas, se a pessoa com quem você namora (ou deseja namorar) demonstra total falta de compromisso com a própria vida e não dá nenhum sinal de mudança, como você acha que será seu futuro?

Um dos maiores desafios é querer ajudar quem não deseja ser ajudado. Podemos até dar o primeiro passo, mas a pessoa precisa dar o segundo, senão haverá só sofrimento, frustração e dor.

> *Nunca seja arrogante com os humildes. Nunca seja humilde com os arrogantes. (Jefferson Davis)*
> *O namoro (ou casamento) é a relação entre homem e mulher na qual a independência é igual, a dependência é mútua e a obrigação recíproca. (Louis Anspacher)*

# 9

# *Dez regras para um relacionamento dar certo*

Sabemos que não existe nenhuma fórmula nem teoria universal a respeito das uniões duradouras. Mas existem certas regras que todo casal que quer ter uma relação longa deveria respeitar.

## 1ª REGRA

### Antes de comentar e criticar as atitudes de seu namorado (ou de sua namorada) que lhe incomodam, procure colocar-se no lugar dele(a). Isso evitará muitos mal-entendidos.

Embora seja um exercício difícil, tente refletir sobre os sentimentos e pensamentos da outra pessoa, buscando uma compreensão para suas atitudes.

Lembre-se de que não existe verdade absoluta; os valores, ideais e sentimentos de cada pessoa orientam a sua percepção sobre o mundo e definem suas atitudes. Um casal não precisa pensar da mesma forma sempre, ter afinidade em tudo. Basta saber coordenar diferentes pontos de vista e, acima de tudo, saber se colocar no lugar do outro.

"É possível mudar nossa vida e a atitude daqueles que nos cercam simplesmente mudando a nós mesmos." (Rudolf Dreikurs).

## 2ª REGRA

### Evite guardar mágoas e ressentimentos quando o outro falar algo que você considere ofensivo. Não viva do passado; aprenda a perdoar.

Aprenda a não levar em conta tudo o que o outro diz, principalmente no momento de raiva, pois as palavras nem sempre expressam aquilo que se passa no coração.

Quando ouvir algo que o magoe, procure falar com calma sobre o ocorrido e, resolvida a questão, coloque uma pedra em cima. Não fique recordando aquilo que já não existe mais. Perdoar é uma virtude que deve ser vivenciada no tempo de namoro.

"A mágoa altera as estações e as horas de repouso, fazendo da noite dia e do dia noite." (William Shakespeare).

## 3ª REGRA

### Por mais difícil que possa parecer, procure controlar o ciúme e o excesso de desconfiança.

Confiar não significa fazer-se cego a tudo o que ocorre na relação. Pelo contrário, é preciso avaliar se há motivos reais que levam à desconfiança, que devem então ser melhor estudados, ou se eles são apenas fruto da insegurança de quem desconfia. O ciúme gerado pelo medo, sem justificativa verdadeira, serve apenas para prejudicar a vida do parceiro.

"No banquete do amor, o ciúme é o saleiro, que, ao querer verdadeiro, empresta vivo sabor. Advirta-se, porém, ser erro temperar em demasia. O ciúme, por ser só sal, se posto demais no prato, não tempera, antes, maltrata." (Tirso de Molina).

## 4ª REGRA

### Evite idealizar e colocar excessivas expectativas na outra pessoa para não acabar na decepção.

As pessoas se frustram tanto porque insistem no erro de idealizar o outro. Não se idealiza ninguém, apenas se aceita. As pessoas são o que são.

Afaste toda expectativa excessiva do seu relacionamento. Deixe as coisas acontecerem naturalmente. Permita que cada pessoa seja ela mesma. Isso basta.

"Idealizar é sofrer. Amar é surpreender." "Excesso de expectativa é o caminho mais curto para a frustração." (Martha Medeiros).

## 5ª REGRA

### Jamais evite o diálogo. A boa comunicação é fundamental para um bom relacionamento.

Para muitos casais, falar em comunicação no relacionamento remete apenas a brigas e discussões intermináveis. No entanto, essa palavra tem um significado muito mais profundo: significa revelar seus sentimentos, sem medo de parecer fraco ou inexperiente. Se movidos pelo bem-querer e pelo desejo de compreensão, todos conseguirão ouvir seu parceiro e tentar encontrar soluções que agradem aos dois.

"A melhor conversa é aquela em que não há competição na vaidade, mas uma calma troca de sentimentos." (Samuel Johnson).

## 6ª REGRA

### A falta de reconhecimento é o grande exterminador de relacionamentos.




Muitos relacionamentos são marcados por cobranças, exigências, brigas e desamor. Muitas vezes, exigimos do outro o que nós mesmos não estamos dispostos a dar.

Os casais de namorados precisam aprender o valor do elogio e da gratidão para fortalecer um relacionamento. Namoros marcados pela gratidão (por tudo que o outro é e faz) são duradouros e edificantes.

Muitos namoros "esfriam" por falta de palavras motivadoras e otimistas. Quem não gosta de um elogio?

Reconheça e agradeça tudo que seu namorado (ou sua namorada) fez e faz por você. Isso lhe fará bem.

"Pergunto-me, às vezes, o que nos leva a escolher uma vida morna; ou melhor, não me pergunto, contesto. A resposta eu sei de cor, está estampada na distância e frieza dos sorrisos, na frouxidão dos abraços, na indiferença dos 'Bons dias', quase que sussurrados." (Luis Fernando Veríssimo).

## 7ª REGRA

### Não deixe faltar afeto, nem troca de carinho. Isso faz toda a diferença.

Muitas vezes, o carinho entre os companheiros vai diminuindo a cada dia, por conta do distanciamento causado pela rotina ou por outros motivos ligados ao trabalho, estresse, etc. Na maioria dessas situações, o carinho não acabou de fato, ele apenas está adormecido – os amantes não estão sabendo expressá-lo, ou não encontram tempo e situações adequadas para isso. Pare um pouco e observe como o carinho que você de fato sente por seu companheiro ou companheira pode ser reintroduzido na rotina do casal.

"No fim tu hás de ver que as coisas mais leves são as únicas que o vento não conseguiu levar: um estribilho antigo, um carinho no momento preciso, o folhear de um livro de poemas, o cheiro que tinha um dia o próprio vento..." (Mário Quintana).

## 8ª REGRA

### Afaste do seu relacionamento toda e qualquer teimosia.

De tão teimosas, há pessoas que não reconhecem a própria teimosia e ainda dizem: "Eu não sou teimosa. Teimosos são aqueles que teimam comigo".

Exercite estas virtudes: pedir desculpas, reconhecer os próprios erros, baixar o orgulho e evitar colocar a culpa nos outros.

“O orgulho é a fonte de todas as fraquezas, porque é a fonte de todos os vícios.” (Santo Agostinho). “A teimosia nasce da arrogância.” (São Tomás de Aquino).

## 9ª REGRA

### Cuidado com a rotina e com o comodismo.

A rotina é a grande vilã de todos os relacionamentos. Poucas pessoas percebem como ela sufoca o casal, pois muitas vezes só aparece quando o relacionamento já está péssimo. Ela é sutil e vem travestida de comodidade.

Certos relacionamentos já caíram tanto na rotina que até as brigas repetem-se pelo mesmo motivo.





Sair da rotina não é fazer todos os dias coisas novas, mas realizar as mesmas coisas como se fosse a primeira vez. Isso mantém o brilho do relacionamento e afasta todo comodismo.

“Para viveres livre e feliz deves sacrificar a rotina, mas isso quase nunca é um sacrifício fácil.” (Richard Bach). “Perder-se é uma maneira de fazer novos caminhos e quebrar a rotina. Ninguém acha um atalho sem se perder antes.” (Fabricio Carpinejar).

## 10ª REGRA

### Não deixe Deus de fora do seu namoro.

Relacionamento sem oração é casa construída sobre a areia: mais cedo ou mais tarde acaba caindo. Muitos namoros não dão certo porque o casal tem tempo para tudo, menos para rezar junto.

É preciso sempre manter um relacionamento a três (triângulo amoroso): você, seu namorado (ou sua namorada) e Deus! Lembre-se: "Se o Senhor não edificar a casa, em vão trabalham os que a constroem [...]" (Salmo 126,1). Namorados que rezam juntos ou permanecem unidos e felizes ou separam-se com tranquilidade e respeito. O importante é colocar o namoro nas mãos Daquele que sabe mais que nós, e permitir que o melhor aconteça.

"Pedi e se vos dará. Buscai e achareis. Batei e vos será aberto. Porque todo aquele que pede, recebe. Quem busca, acha. A quem bate, se abrirá." (Mateus 7,7-8).

"Vivei sempre contentes. Orai sem cessar. Em todas as circunstâncias, dai graças, porque esta é a vosso respeito a vontade de Deus em Jesus Cristo." (1Tessalonicenses 5,16-18). "Examinai tudo: abraçai o que é bom." (1Tessalonicenses 5,21).

## *Oração dos namorados*

(Comunidade Católica Jesus te Ama)

*Senhor, revelaste a alegria do amor*
*entre mim e uma pessoa.*
*Hoje, de mãos dadas, vivenciamos*
*esta maravilhosa experiência: o namoro.*
*Namorar é aprender a amar,*
*a respeitar as diferenças;*
*é permitir a descoberta um do outro,*
*formando, assim, uma aliança de felicidade.*
*Ó Mestre, abençoa o nosso namoro.*
*Ensina-nos a amar, compreender, servir,*

*respeitar e perdoar um ao outro.*
*Conserva acesa a chama desse amor aprendiz*
*em nossos corações.*
*Ilumina os nossos projetos e,*
*sendo tua vontade, faze-nos felizes*
*para vivermos as realizações.*
*Nós, como namorados,*
*queremos sentir-te presente*
*nos caminhos do amor,*
*agora e sempre. Amém!*

A maior de todas as regras é nunca querer ensinar, mas estar sempre aberto ao aprendizado, ao novo.

# 10

# *Entre amor e paixão*

Nós nos apaixonamos pelo impossível. Projetamos na pessoa algo que desejamos. Na paixão não conseguimos ver o outro da forma que ele é. A paixão nos torna totalmente cegos.

Há tempos recebi um pequeno texto da escritora e bióloga Dane Duarte que, de maneira simples e inteligente, compara o amor com a paixão. É uma lição de vida para todos nós:

> *Paixão é euforia, amor é calmaria. Paixão é rápida, amor é duradouro. Paixão é súbita, amor é progressivo. Paixão é agressiva, amor é delicado. Paixão é vendaval, amor é brisa. Paixão destrói, amor constrói. Paixão vinga, amor perdoa. Paixão é doença, amor é saúde. Paixão é dor, amor é alívio. Paixão é dúvida, amor é certeza. Paixão é loucura, amor é cura. O amor faz a gente querer ser mais, querer aprender mais para poder trocar com quem*

*amamos novas lições de vida. O amor ajuda a superar dificuldades, enquanto a paixão cria obstáculos. A paixão é totalmente egocêntrica, passional, escandalosa. O amor é cuidadoso, atencioso e cúmplice. Ele nos faz acreditar que a felicidade não está nas mãos de outra pessoa, e sim nas nossas mãos. Que só podemos ser felizes com alguém se conseguirmos ser felizes com nós mesmos.*

Pois é, a paixão é um sentimento parecido com o amor, mas não é amor. O que mais caracteriza a paixão é a perda da própria identidade. Quando está apaixonada, a pessoa já não respira sem o outro, não se alimenta direito e pensa nele o tempo todo. Torna-se uma obsessão. Irmã gêmea do sofrimento, a paixão é um certo enlouquecimento.

A paixão vem do latim *patere*, que significa sofrer. Por isso, no relacionamento apaixonado há tanto sofrimento: ciúme, brigas, desconfiança, cobranças e tantos sentimentos que vão minando o namoro.

Será que é possível transformar a paixão em amor? Claro que sim. Quando você consegue um certo distanciamento do outro, recuperando sua identidade, a paixão pode tornar-se amor.

Mas como fazer isso? Simples: gostando mais de você mesmo, aprimorando sua autoestima e repetindo sempre: "Eu sou eu, e você é você". "Foge das paixões da mocidade, busca com empenho a justiça, a fé, a caridade, a paz, com aqueles que invocam o Senhor com pureza de coração." (2Timóteo 2,22).

## *Amor na latinha*

(Autoria desconhecida)

Dois irmãozinhos maltrapilhos, um de 5 anos e o outro de 10, pediam comida de porta em porta. Depois de muitas portas na cara, acabaram ganhando uma latinha de leite condensado. Que festa! Ambos se sentaram na calçada. O maior fez um furo e levou a lata à boca, mas sorveu só uma gotinha e passou-a para o menor.

– Agora é a sua vez.

O pequeno chupava o leite condensado com prazer indescritível. Para evitar que ele bebesse muito depressa, o maior tomava-lhe a lata e dava a entender que ia beber à vontade, mas só molhava os lábios, para deixar mais leite para o caçula.

– Agora é a sua vez. Só um pouquinho.

Quando o leite acabou, o mais velho começou a cantar, a sambar e a jogar futebol com a lata vazia. Estava radiante. O estômago estava vazio, mas o coração, cheio de alegria. E recomeçaram sua caminhada de porta em porta.

Isso não é paixão, mas amor.
Amor numa latinha de leite condensado!

“Paixão é uma obsessão positiva. Obsessão é uma paixão negativa.” (Paul Carvel)

“Paixão é uma infinidade de ilusões que serve de analgésico para a alma. As paixões são como ventanias que enfurnam as velas dos navios, fazendo-os navegar; outras vezes podem fazê-los naufragar, mas, se não fossem elas, não haveria viagens nem aventuras nem novas descobertas.” (Voltaire)

“A ausência diminui as paixões pequenas e aumenta as grandes, porque o vento apaga velas e ventila um incêndio.” (François de La Rochefoucauld)

“Amor sem paixão é triste; paixão sem amor é horrível.” (autoria desconhecida)

“As paixões fazem menos mal que o tédio, pois elas tendem a diminuir e ele a aumentar.” (Barbey D’aurevilly)

“Consciência é a voz da alma; as paixões são a voz do corpo.” (Jean-Jacques Rousseau)

“O homem ama naturalmente a verdade e o bem, e deles só se aparta quando as paixões o arrastam e extraviam.” (autoria desconhecida)

# 11

# *Ciúme: o vilão dos relacionamentos*

Coloque isso na sua cabeça: o ciúme não é fruto do amor, mas sim medo de perder. É medo do abandono, da solidão e do compromisso. Todo ciúme está ancorado no medo, que é o principal inimigo do amor.

O ciúme nada mais é que o “medo de perder” e abrange três situações:

1. Ameaça percebida.
2. Conflito entre o que acontece na vida real e o que a pessoa imagina que está ocorrendo.
3. Tomada de providências para eliminar o risco de perda do ser ou do objeto amado.

A pessoa ciumenta precisa, em primeiro lugar, aprender a gostar de si mesma para, depois, gostar do outro. Todo ciúme cresce na insegurança, na baixa autoestima e na carência afetiva.

Quando confiarmos mais em nós mesmos, seremos menos ciumentos e mais felizes!

"Nenhum amor feneceu em razão do ciúme, pois ele o que faz é juntar um fogo a outro fogo." (Fernandes de Leon)

"O ciúme é o pior dos monstros criados pela imaginação." (Calderón de la Barca)

"O ciúme, o receio de deixar e o medo de ser deixado são as dores inseparáveis do declínio do amor." (François de La Rochefoucauld)

"Dizeis ser possível sentir ciúmes sem ter jamais amado? Sim, é possível, pois existem ciúmes de tão ruim origem que são como abortados filhos do mais cruel rancor." (Calderón de la Barca)

"O ciúme traduz o sentimento de propriedade, ao passo que a inveja mostra o instinto de roubo." (autoria desconhecida)

"Que vida de inferno é a vida do ciumento! Antes não amar do que amar desse modo." (Paolo Mantegazza)

"De todas as enfermidades que acometem o espírito, o ciúme é aquela a qual tudo serve de alimento e nada serve de remédio." (Michel de Montaigne)

"Os ciumentos não precisam de motivo para ter ciúme. São ciumentos porque são. O ciúme é um monstro que a si mesmo se gera e de si mesmo nasce." (William Shakespeare)

"Os ciumentos sempre olham para tudo com lentes de aumento, os quais engrandecem as coisas pequenas, agigantam os anões e fazem com que as suspeitas pareçam verdades." (Miguel de Cervantes)

"Nenhum estado de ânimo desgoverna tanto o viver do homem quanto o ciúme, posto ser ele flecha envenenada que se crava, simultaneamente, no coração do amante e no orgulho do homem." (Jean-Baptiste Massillon)

# 12

# *Namoro, traição e perdão*

Quem deseja começar um relacionamento amoroso deve ter em mente que não se relacionará com um anjo, mas com uma pessoa. Se fosse com um anjo, tudo seria diferente, pois anjos não têm defeitos, não ficam mal-humorados, não brigam, não cobram atenção, não são ciumentos, não perdem a paciência, não têm manias e não fazem nada que nos incomode. Quando se trata de pessoas, todas possuem qualidades, mas também estão cercadas de defeitos. Por isso, é comum, durante o tempo do namoro, ocorrer algumas brigas e mal-entendidos decorrentes de pontos de vista diferentes a respeito do mesmo acontecimento.

Muitos namoros terminam – às vezes, por motivos insignificantes; porque o casal não cultivou a virtude do perdão. Num momento de raiva, muitas pessoas fazem o que não fariam e dizem o que jamais diriam se primeiro pensassem nas consequências. Frases do tipo: "O erro foi meu, me desculpe" ou "Me perdoe, pois errei com você!" ou ainda "Me dê uma segunda chance, pois sei que posso melhorar" fariam toda a diferença para que um relacionamento fosse duradouro e construtivo.

*Imagino que para lidar com as diferenças entre nós e as outras pessoas, temos que aprender compaixão, autocontrole, piedade, perdão, simpatia e amor – virtudes sem as quais nem nós, nem o mundo, podemos sobreviver. (Wendell Berry)*

Nenhum relacionamento (seja familiar, de amizade, namoro e até casamento) sobrevive sem a força curadora do perdão.



*"Por isso, o Reino dos Céus é comparado a um rei que quis ajustar contas com seus servos. Quando começou a ajustá-las, trouxeram-lhe um que lhe devia dez mil talentos. Como ele não tinha com que pagar, seu senhor ordenou que fosse vendido, ele, sua mulher, seus filhos e todos os seus bens para pagar a dívida. Este servo, então, prostrou-se por terra diante dele e suplicava-lhe: 'Dá-me um prazo, e eu te pagarei tudo!'. Cheio de compaixão, o senhor o deixou ir embora e perdoou-lhe a dívida. Apenas saiu dali, encontrou um de seus companheiros de serviço que lhe devia cem denários. Agarrou-o na garganta e quase o estrangulou, dizendo: 'Paga o que me deves!'. O outro caiu-lhe aos pés e pediu-lhe: 'Dá-me um prazo e eu te pagarei!'. Mas, sem nada querer ouvir, este homem o fez lançar na prisão, até*

*que tivesse pago sua dívida. Vendo isto, os outros servos, profundamente tristes, vieram contar a seu senhor o que se tinha passado. Então o senhor o chamou e lhe disse: 'Servo mau, eu te perdoei toda a dívida porque me suplicaste. Não devias também tu compadecer-te de teu companheiro de serviço, como eu tive piedade de ti?'. E o senhor, encolerizado, entregou-o aos algozes, até que pagasse toda a sua dívida. Assim vos tratará meu Pai celeste, se cada um de vós não perdoar a seu irmão, de todo seu coração." (Mateus 18,23-35)*

Se você tem dificuldade de perdoar a pessoa com quem namora, o primeiro passo é perdoar a si mesmo. Precisamos de muita misericórdia conosco, muita paciência, mas também muita firmeza. Aprenda a conviver com seus erros e a perdoar-se e, assim, conseguirá perdoar o outro também.

É muito bom namorar com alguém que tem um coração livre, cheio de amor e totalmente desprendido de si. E não é nada agradável manter um relacionamento com alguém que carrega no peito um coração cheio de rancor, mágoa, tristeza e dor. "Ser jovem é ter a capacidade do perdão e andar com os olhos cheios de capim-cheiroso. É ter tédios passageiros, é amar a vida, é ter uma palavra de compreensão." (Artur da Távola).

Num relacionamento, o casal de namorados é desafiado a lidar a cada dia com os seus limites e também a mudar seus hábitos e convicções. Nessa experiência do dia a dia, nada é mais desafiador e constrangedor do que o perdão. Perdoar é absolver de culpa ou de dívida, é abrir mão da justiça própria e dar uma nova chance ao outro. Há um ditado italiano que, em português, ficaria mais ou menos assim: "Quem não sabe perdoar, não está pronto para se relacionar" (e muito menos para namorar!).

Falando em relacionamento e perdão, não poderíamos deixar de refletir a respeito da traição. Esse é o grande "diabo" do namoro. Quem gosta de ser traído? Quem nunca teve medo da traição? Quem não sofre por ver ou saber que a pessoa amada já não é mais fiel?

> *Ao declinar da tarde, pôs-se Jesus à mesa com os doze discípulos. Durante a ceia, disse: "Em verdade vos digo:* ***um de vós me há de trair****". Com profunda aflição, cada um começou a perguntar: "Sou eu, Senhor?". Respondeu ele: "Aquele que pôs comigo a mão no prato,* ***esse me trairá****. O Filho do Homem vai, como dele está escrito. Mas ai daquele homem por quem o Filho do Homem é traído! Seria melhor para esse homem que jamais tivesse nascido!". Judas,* ***o traidor****, tomou a palavra e perguntou: "Mestre, serei eu?". "Sim" – disse Jesus. (Mateus 26,20-25)*



Depois do "leite derramado", fica a questão: traição tem perdão ou é melhor terminar o relacionamento logo de cara? Quando o amor fala mais alto, muitos investem na restauração da relação. Para isso, nada funciona melhor do que o bom e abençoado perdão.

Mas será que perdoar uma traição é realmente possível? Isso depende do contexto em que tudo aconteceu e do nível do diálogo (conversa franca e aberta) na relação. Já atendi muitos casais que me relataram que, depois da traição, a relação melhorou 100%. Isso é possível.

Quem nunca ouviu frases do tipo: "Eu perdoo tudo, menos traição!" ou "Se você me trair, eu te mato!" (e mata mesmo) ou ainda "Fica esperto comigo, pois se você me trair, sua vida nunca mais será a mesma!".

A traição é uma experiência pela qual ninguém gostaria de passar. Porém, quando ela acontece e você descobre, é preciso dar um tempo e deixar a cabeça esfriar para tomar a decisão certa: perdoar ou terminar a relação.

Perdoar não é relevar, fingir que nada aconteceu e muito menos colocar uma pedra em cima. Além dessas atitudes não resolverem o problema, geram um clima de desconfiança e transformam a relação num inferno.

Perdoar não é esquecer, mas lembrar com misericórdia. Perdoar é superar!

Se decidir perdoar, isso tem que ser para valer, e não apenas da boca para fora. Combinado?

Lidar com a traição não é uma tarefa fácil. Primeiro deve-se esperar passar o momento de revolta, esfriar a cabeça para, só então, refletir se vale a pena ou não perdoar e restaurar a relação. Saber o motivo que levou a outra pessoa à infidelidade e perceber a forma como vai agir a partir daí ajuda a superar a traição.

Dito tudo isso, fica ainda outra pergunta: por que homens e mulheres traem?

Na maioria das vezes, as pessoas traem quando o relacionamento não atinge suas expectativas. A traição é o grande sinal de que a relação não ia bem há muito tempo e de que o diálogo já não existia mais. Nunca tive notícias de que a infidelidade separou um casal apaixonado. Onde existe amor verdadeiro e diálogo constante, a traição passa longe. Pode acreditar: a pessoa que trai não está feliz e realizada com a atual situação do casal. Isso é um fato.

Você tem valor! Se a infidelidade e a traição acabaram com seu namoro, não fique sofrendo por quem não merece o seu amor e não soube valorizar a pessoa maravilhosa que você é. Livre-se de todo sentimento de culpa, mágoa, vingança, ressentimento, ódio e decepção. Dê a volta por cima e prove que você tem valor e tudo terminará bem.





Afaste de sua mente todo pensamento depressivo e a vontade de morrer. Você precisa reagir, mesmo sem vontade, e, sobretudo, não abandonar suas atividades habituais. Sofrer, sim, mas com dignidade. Você pode sentir uma enorme dor pelo término do seu namoro, mas não pode medir seu valor como pessoa pelo amor ou desamor de ninguém.

Quando um relacionamento de anos termina, é normal sentir-se como uma árvore seca, aparentemente sem vida. Passando algum tempo, surge uma pequena folha verde, depois outra, e outra, e a árvore se torna, às vezes, mais bonita do que antes. A vida é maior que a tristeza e a alegria é sempre maior que a dor. Quando alguém sofre pela traição e pelo término do relacionamento, parece que o sentimento de dor nunca vai passar. Mas passa. Tenha paciência e não perca a esperança.

O importante não é aquilo que os outros fizeram comigo, mas o que eu faço com aquilo que os outros fizeram comigo. Tudo é uma questão de escolha!

# 13

## *Deus habita em nós*

Quando falamos de relacionamento amoroso (namoro), na cabeça de muitos só vem sexo e nada mais. "Só pensam naquilo!" Muitos namorados relacionam-se como "marido e mulher" (até que a briga os separe). É o que chamamos de "namorento" (namoro + casamento) ou "namotrônio" (namoro + matrimônio), mas com uma pequena diferença: cada um na sua casa!

Não podemos falar de namoro sem tocar no tema da castidade.

A castidade consiste em aprender a dominar a si mesmo, sendo uma alternativa bem clara: ou o homem comanda suas paixões e obtém a paz ou se deixa dominar por elas e torna-se infeliz.

Somos livres e escolhemos o tempo todo. Não podemos agir simplesmente por força de um impulso interno cego ou estímulos externos. Precisamos nos libertar da escravidão das paixões e escolher livremente o bem.

Castidade não é uma obrigação, mas uma opção livre e consciente na presença de Deus. É consequência do autodomínio conquistado após um processo muito demorado, que necessita de muita força de vontade e paciência.

A castidade é como se fosse a escola da doação de si mesmo e desabrocha na amizade. Por sinal, amizades sinceras e desinteressadas fazem muita falta em nossos dias.

Muitas vezes, pessoas frustradas e descontentes com a vida sentimental desabafam comigo: "Depois de tanto sofrer, prefiro a solidão! No meu caminho encontrei muitas pessoas que procuravam sexo e poucas que buscavam amizades duradouras e namoros transparentes". Que pena! Infelizmente, muitos preferem 15 minutos de prazer a uma vida inteira de felicidade. Isso magoa e deixa muita gente ferida.

Nascemos para o amor; carregamos dentro de nós o desejo de amar e ser amados. E o verdadeiro amor não combina com a luxúria (desejo passional instintivo por todo o prazer sensual e erótico).

Não nos esqueçamos: Deus perdoa sempre. Os homens perdoam às vezes. Mas a natureza não perdoa nunca! Quem pensa que será feliz apenas no prazer carnal está muito enganado. Muitos se esquecem de que toda ação tem uma consequência. E, nesse caso, as consequências são destruidoras.

Deus perdoa sempre – palavra-chave: arrependimento.

O homem perdoa às vezes – palavra-chave: compreensão.

A natureza nunca perdoa – palavra-chave: consequência.

> *Porque há muitos por aí, de quem repetidas vezes vos tenho falado e agora o digo chorando, que se portam como inimigos da cruz de Cristo, e cujo destino é a perdição, cujo deus é o ventre, para quem a própria ignomínia é causa de envaidecimento, e só têm prazer no que é terreno. Nós, porém, somos cidadãos dos céus. É de lá que ansiosamente esperamos o Salvador, o Senhor Jesus Cristo, que transformará nosso mísero corpo, tornando-o semelhante ao seu corpo glorioso, em virtude do poder que tem de sujeitar a si toda criatura. (Filipenses 3,18-21).*

## *Laranja-lima*

(Pe. Zezinho scj)

*Andei pensando na sua proposta*
*de fazer amor antes do casamento.*
*Você me diz que não faz diferença,*
*quase ninguém pensa e todo mundo faz!*
*E eu lhe respondo que pensei bastante*
*e não fiz pouco caso do seu sentimento.*
*Mas lhe confesso que essa história boba*
*de imitar os outros me tirou a paz!*

*Você me diz que não tem paciência.*
*Que esperou bastante e vive agoniado.*
*E que hoje em dia, quem se guarda muito,*
*fica pra titia, acaba em solidão!*
*E eu lhe respondo que não é por medo,*
*nem por covardia ou só por ser pecado.*
*Eu gostaria que você soubesse*
*que eu tenho o direito a ter uma ilusão!*

*Seu sonho é curto, grosso e bem rasteiro:*
*quer ser o meu parceiro e tem que ser agora!*
*E me repete que sou atrasada,*
*e vivo do passado e que a moral mudou.*
*E eu lhe respondo que o meu sonho é outro:*
*quero ter você, mas tenho a minha hora!*
*No seu relógio, toda hora é hora*
*mas no meu relógio a hora não chegou!*

*Laranja-lima também é doce no momento,*
*mas logo após tem gosto amargo até demais.*
*Quando um casal apressa este sentimento,*
*o gosto amargo é o da mulher, que sofre mais!*

# 14

# *Encerramento*

Sejamos, portanto, mais um dos que querem fazer do mundo um lugar melhor. Muitos dizem que sou apenas mais um a tentar. Prefiro pensar que sou apenas menos um a desistir!

Se este livro fizer a diferença na vida de somente uma pessoa, já terá valido a pena! E terá valido a pena sempre: se um casal se acertar e crescer junto, observando os conselhos aqui contidos e evitando os perigos aqui descritos; se as dicas ajudarem as tantas pessoas que desejam partilhar sua vida com alguém; se, por observar e evitar os perigos aqui expostos, um casal de namorados conseguir salvar seu relacionamento... Enfim, em todas essas ocasiões, terá valido a pena!

Após receber os conselhos e dicas deste livro, é hora de colocá-los em prática no seu namoro. E se você ainda estiver esperando por alguém, peça a Deus que o abençoe e providencie seu futuro relacionamento. "Põe tuas delícias no Senhor, e os desejos do teu coração ele atenderá." (Salmos 36,4).

O amor não é algo estático, pronto e acabado. Nossas relações podem e devem ser mudadas, se queremos, de fato, ser felizes. Tudo está em profunda transformação, sempre. Precisamos encarar a vida como um caminho que só se sustenta em um processo de crescimento, transformação, aprendizado e construção.

Integrar pessoas diferentes pressupõe o esforço de se conhecerem, de se adaptarem uma à outra, de fazerem acordos, de aprenderem a lidar com os próprios conflitos e com os desafios do relacionamento. A isso se dá o nome de "construção do amor". Trabalhar as culpas, os complexos, os ciúmes e a insegurança faz parte dessa construção.





Amar é um risco. Mas precisamos nos arriscar se queremos construir junto a alguém algo único, lindo e duradouro.

Chegamos ao fim do nosso maravilhoso passeio pelo mundo dos relacionamentos. Como em todo passeio, passamos por lugares belos e tranquilos, mas também enfrentamos regiões sombrias, nas quais é difícil caminhar.

Não pensemos que tudo foi dito ou refletido. Claro que não. Não existe uma receita para o namoro, como se ele fosse um bolo. Penso que agora vale a pena dar uma parada para recordar o que viveram juntos até aqui. É hora de olhar as fotos e relembrar fatos significativos.

Certamente, você voltará muitas vezes às páginas anteriores para recordar as ideias que te marcaram e fizeram você sonhar. Sabemos que viajar sozinho não tem a menor graça. Compartilhe com quem você ama – principalmente, com quem namora ou deseja namorar – as lições de vida presentes nas entrelinhas deste livro.

Se você se encontra num deserto emocional e sente-se sozinho, leia atentamente as orientações aqui contidas e, mais breve do que você imagina, deixará esses conselhos para tantas outras pessoas sedentas de um grande amor e acrescentará na última página: *Pode acreditar: funciona!*

"É graça divina começar bem. Graça maior persistir na caminhada certa. Mas graça das graças é não desistir nunca." (Dom Hélder Câmara).

De agora em diante temos que pensar em manter esse relacionamento, para que ele te faça ainda mais feliz, para que seja duradouro e edificante. Mas isso é assunto para um outro livro.

E lembre-se sempre: na vida nada é coincidência, tudo é consequência de nossas escolhas. Ficamos por aqui e, até a próxima vez em que nos encontrarmos, que Deus nos guarde na palma de Suas mãos. Amém!

"A vida é uma peça de teatro que não permite ensaios. Por isso, cante, chore, dance, ria e viva intensamente, antes que a cortina se feche e a peça termine sem aplausos." (Charles Chaplin).

Receba meu grande abraço.

## *As histórias de amor nunca saem de moda*

Diferentemente do que possamos imaginar, a Bíblia também tem muitas narrativas de amor. Essas grandes histórias tratam de pessoas comuns que, assim como nós, desejavam amar e ser amadas.

Conheça a verdadeira história dos casais mais famosos da Bíblia, começando com Adão e Eva, passando por Abraão e Sara, Jacó e Raquel, Abigail e Davi, Tobias e Sara, os amantes sem nome no Cântico de Salomão e muitos outros até José e Maria.

Todas essas histórias não mostram um retrato idealista do amor, mas sim as emoções e os desafios que existem ao longo do caminho para conquistar o amor e a sabedoria divina.

## *"Abençoa, Senhor, as famílias"*

Neste livro, o respeitado sacerdote e comunicador cristão Padre Zezinho scj reflete sobre tudo o que viu, ouviu e aprendeu a respeito da vida em família ao longo de sua vasta trajetória. Sem a pretensão de ser um manual, o livro busca provocar e estimular o pensamento, fazendo-nos repensar aquilo que aceitamos como regra, sem apontar culpados ou vítimas.

Abordando temas como sexualidade, dinheiro, consumo, solidariedade e relações conjugais, o livro serve àqueles que desejam entender melhor os problemas que se apresentam à vida familiar – revelando as virtudes necessárias para melhorá-la e torná-la cheia de sentido, felicidade e amor.

Melhores Filhos, Melhores Pais

***"A fé e a humildade que o Padre Antonio Maria tem são uma lição para todos nós. Eu tenho aprendido muito com ele e agradeço a Deus por tê-lo como irmão."***

***Roberto Carlos – Cantor***

Padre Antonio Maria, um dos sacerdotes mais amados e conhecidos do país, vale-se de palavras simples e acolhedoras para apresentar os relatos intensos e emocionantes que marcaram sua trajetória religiosa. Acompanhe sua juventude, as provações pelas quais passou e o momento em que se decidiu pela vida religiosa. Descubra como ele e outros "pescadores" superaram cada um dos obstáculos para cumprir sua vocação.

Pescadores de corações

PARMA
Impressão e acabamento
Editora Parma LTDA
Tel.:(011) 2462-4000
Av.Antonio Bardella, nº310,Guarulhos,São Paulo-Brasil